DE MAG

Mieke Roovers

DE MAGIE VAN EDELSTENEN

voor

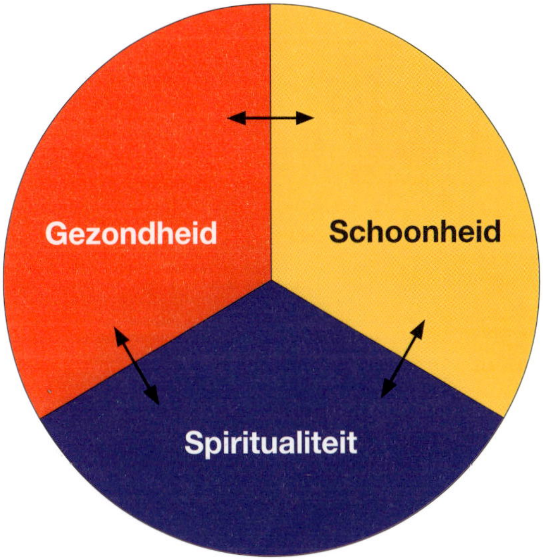

www.demagievanedelstenen.nl

ANDROMEDA
De Beleving

Je hebt een boek van Andromeda in handen en boeken van Andromeda zijn altijd een beleving

ANDROMEDA

Colofon

Mieke Roovers
De magie van edelstenen
Eerste druk, april 2006

ISBN: 90 5599 194 5
NUR: 711

De omslag is ontworpen en het binnenwerk is opgemaakt door Looney2 B.V. te Hilversum.
De redactie en correctie is verzorgd door Veerman & Meijwaard, Huizen
Het boek is gedrukt door Giethoorn Ten Brink in Meppel
Het is een uitgave van Andromeda B.V.
Middelie 1
1472 GN Middelie
www.andromeda.nu

 Dan kan je de magie van edelstenen werkelijk ervaren.

Inhoud

Voorwoord

De uitgever van Andromeda, Willem Jan van de Wetering, kwam met het idee van een tweede boek van mijn hand. Hij beargumenteerde zijn voorstel voor een nieuw boek als volgt: 'Ze kennen je vooral als edelstenenmeisje en nog niet als schrijfster van spirituele boeken. Het lijkt me een goed idee als je een boek schrijft over edelstenen. Je edelstenencosmetica is redelijk goed bekend, maar de mensen verbinden daar jouw naam niet aan. Met een boek over edelstenen en spiritualiteit leg je de link tussen je edelstenencosmetica en wie je werkelijk bent.'
Na enig speurwerk ontdekte ik dat er over edelstenen veel is gepubliceerd. Niet alleen over hun ontstaan, vindplaats en samenstelling, maar ook de gezondheidsaspecten en spirituele waarden komen in ruime mate aan bod. Toch heb ik de uitdaging met plezier aangenomen. De ervaringen die ik met de mooiste en wonderlijkste scheppingen van het mineralenrijk heb, zijn uniek. Via de Oosterse mystiek ben ik in aanraking gekomen met de spirituele kant van edelstenen. Met behulp van de Traditionele Chinese Geneeskunde heb ik de gezondheidswaarde leren kennen. Tot slot gebruik ik de edelstenen in mijn Maria Magdalena™ cosmetica voor uiterlijke schoonheid.
Ik hoop dat mijn ervaringen een gids zullen zijn voor een nieuwe kijk op de drie-eenheid: spiritualiteit, gezondheid en schoonheid!
En dat deze gids de magie in het dagelijks leven terugbrengt, waardoor we ons kunnen verwonderen over en genieten van het leven.

Mieke Roovers

Inleiding

Niet de kleur, vorm of naam, maar het gevoel dat ik bij mijn allereerste steen kreeg, is bepalend geweest voor mijn eerste stap in de Oosterse mystieke leer.
Ik volgde bij Ruud Westerkamp in het gezondheidscentrum CNGO te Roosendaal een individueel afvalprogramma. Dit programma bestond uit een combinatie van fitness, voedingsadviezen, ontspanningstherapie en acupunctuur. Na drie weken bleef het echte resultaat uit. Ruud, die nu mijn partner is, zag geen heil in het continueren van het 'wellness'-programma.
Ruud: 'Deze behandeling neigt naar symptoombestrijding. Voor een blijvend resultaat denk ik aan een wortelbehandeling.'
'Een wortelbehandeling?' vroeg ik verbaasd.
Hij dacht na en vervolgde: 'Ja, je moet met behulp van een meditatie eerst jezelf vinden. Maar ik weet niet of een geestelijke leer voor jou is weggelegd.'
Ik snapte er werkelijk niets van, maar op de een of andere manier klonk het vertrouwd. Het maakte me in ieder geval nieuwsgierig.
Bij het eerstvolgende consult lagen op zijn bureau acht verschillende stenen in een cirkel. Ze waren allemaal verschillend van kleur en grootte.
Ruud: 'Doe je ogen dicht en let op je ademhaling. Adem rustig in en nog rustiger uit.'
Na een poosje mocht ik, zonder erbij na te denken, een steen uitzoeken. Klaarblijkelijk heb ik toen de juiste keuze gemaakt. Ruud liep naar de boekenkast en pakte een cursusmap van zijn eigen Bocam-opleiding (= een beroepsopleiding tot therapeut in de Chinese geneeskunde).

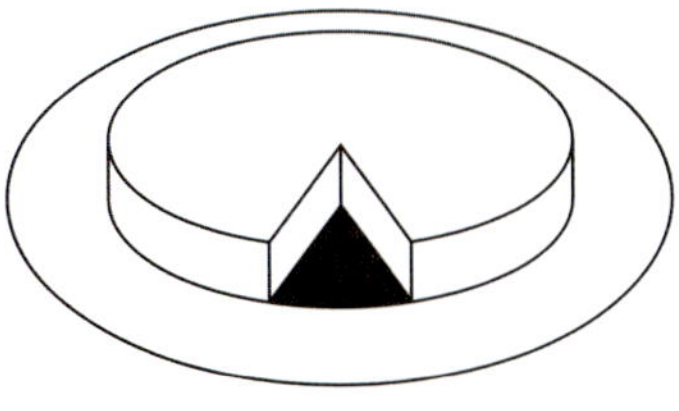

Hij legde de map geopend op tafel, nam plaats achter zijn bureau en vroeg: 'Wat zie je?' 'Een kleine taartpunt,' antwoordde ik. 'Ik zie de hele taart, zonder jouw kleine taartpunt.' Hij draaide de map om en toen zag ik het ook, de taart zonder de kleine taartpunt.

Dit was wel grappig, maar wat was hier de bedoeling van?
Ruud: 'Deze tekening vertelt me dat je alles in het leven van twee kanten kunt bekijken. Je moet leren dat je het leven letterlijk en figuurlijk op een andere manier kunt benaderen.'
Zonder dat ik het besefte, kreeg ik mijn eerste les in de Oosterse mystieke leer: 'Ilmu Kebatinan.'

Mijn eerste meditatiesteen

De steen die ik koos, was een valkenoog. Die heeft me geholpen bij mijn meditatie om bewuster te worden. Bewustzijn bleek de sleutel om voorgoed van mijn overgewicht verlost te zijn. Ik ben vijftien kilo afgevallen en heb vijftien jaar later mijn gewicht nog prima onder controle. Sindsdien hebben vele edelstenen me geholpen bij de verschillende meditaties op zoek naar mezelf. Ruud legde me uit: 'Zoals een ruwe diamant gepolijst en geslepen wordt om te kunnen stralen, zo behoren ook wij onze drie ruwe edelstenen te bewerken.'
Volgens de mystieke leer bezit ieder mens drie geestelijke juwelen: de wil, het gevoel en het denken. Met deze sieraden maakt hij of zij zich aantrekkelijk, mooi, kostbaar en waardevol. Het slijpen en polijsten van deze geestelijke edelstenen heet 'het werken aan jezelf'. De taoïstische filosofie noemt dit 'innerlijke alchemie'.
Het polijsten van de wil schenkt ons zelfbeheersing.
Het slijpen van het gevoel geeft ons (eigen)liefde.
Het schaven aan het denken brengt ons een nieuw bewustzijn.

Hoe de edelstenenenergie helpt in een nieuw bewustzijn te geraken, komt later aan bod. Eerst krijg je een inleiding in de verschillende toepassingen van edelstenen. Welkom in de wonderlijke wereld van edelstenen!

Hoofdstuk I

DE WONDERLIJKE WERELD VAN EDELSTENEN!

De verhalen over het gebruik van edelstenen gaan ver terug in de geschiedenis en zijn heel divers. Vrijwel iedereen kent de edelsteen als sieraad om mooi te zijn. Sommige mensen zien edelstenen echter als 'gestold bewustzijn' of beschouwen ze als zintuigen van de aarde. Anderen dragen edelstenen om het geluk aan te trekken of het onheil af te wenden.

Geluksstenen voor de dagen van de week:			
dag	**planeet**	**edelsteen**	**metaal**
Zondag	Zon	zonnesteen	goud
Maandag	Maan	maansteen	zilver
Dinsdag	Mars	robijn	ijzer
Woensdag	Mercurius	turkoois	kwik
Donderdag	Jupiter	saffier	tin
Vrijdag	Venus	amethist	koper
Zaterdag	Saturnus	onyx	lood

Naast deze magische krachten worden er ook geneeskrachtige eigenschappen aan

edelstenen toegedicht. De bijzondere status van edelstenen gaat zo ver, dat verschillende landen een edelsteen als symbool hebben.
Hier volgen enkele nationale edelstenen:

Afghanistan	-	lapis lazuli
Australië	-	opaal
Canada	-	labradoriet
China	-	jade
Colombia	-	smaragd
Denemarken	-	barnsteen
India	-	diamant
Iran	-	turkoois
Italië	-	koraal
Japan	-	rozenkwarts
Myanmar	-	robijn
Sri Lanka	-	maansteen
Thailand	-	stersaffier
Zweden	-	hematiet
Zwitserland	-	maansteen

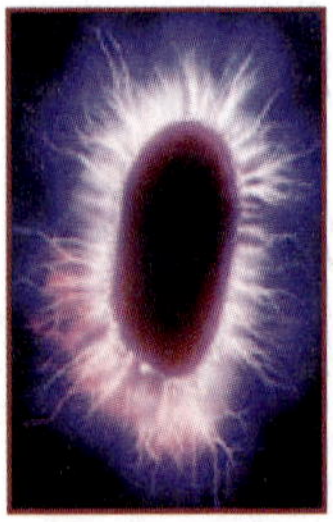
Uitstraling van een robijn

Alle stenen en mineralen afkomstig uit de natuur 'leven', maar dat 'leven' speelt zich op een ander niveau af dan bij planten, dieren of mensen. Stenen en mineralen bestaan uit een brok energie en vibreren op een bepaalde golflengte met een bepaalde sterkte. Iedere soort creëert continu een eigen energieveld. Om die reden kunnen de namen 'steen', 'natuursteen', 'kristal', 'edelsteen' of 'halfedelsteen' allemaal vervangen worden door het woord 'energiesteen'. Energiestenen gebruik ik voor de volgende drie doeleinden:

1. voor **schoonheid**: als sieraad of als decoratieve cosmetica, de zogenaamde siersteFnen.
2. voor **gezondheid**: de zogenaamde gezondheidsstenen.

3. voor **meditatie en spiritualiteit**: de zogenaamde meditatiestenen.

1. Sierstenen: energiestenen voor schoonheid

Wanneer we de energiesteen dragen als sieraad of als statussymbool, dan praten we over **sierstenen**. Sierstenen draag je in de eerste plaats voor hun schoonheid. De uiterlijke kenmerken zoals de kleur, glans en doorzichtigheid zijn belangrijker dan de energetische werking van de steen. Toch brengen sierstenen door hun kleur en schittering ook een bepaald effect teweeg. Dit is te vergelijken met het dragen van een zwarte of juist een fel oranje jurk. Ze beïnvloeden beide op hun eigen manier je uitstraling.
In hoofdstuk 6 'stralen met edelstenen' gaan we hier verder op in en komen onder andere de volgende onderwerpen aan bod:

- het ontstaan van de Maria Magdalena™ edelstenencosmetica
- het gebruik van edelstenen voor schoonheid
- het geheim achter de kleur van edelstenen
- edelstenen voor aan je vinger
- edelsteenmaskers en edelsteenmassage voor uiterlijke schoonheid

2. Gezondheidsstenen: energiestenen voor therapie en preventie

De energie van een steen kan gebruikt worden voor de gezondheid van mens en dier. We spreken in dit geval van gezondheidsstenen. Een energiesteen op de huid kan een energetisch evenwicht tot stand brengen tussen steen en drager. Door het contact met een energiesteen neemt het lichaam het trillingsgetal van de steen over. Hierdoor herstelt het zieke lichaam zichzelf. In de loop der eeuwen is er in verschillende culturen een volkswijsheid ontstaan. Iedere steen heeft wel een gunstige invloed op het voorkomen of tegengaan van een bepaalde ziekte of kwaal.

De hedendaagse edelsteentherapie lijkt vaak te symptomatisch gericht, in de trant van 'bij hoofdpijn helpt een amethist'. De ervaring leert dat niet iedereen gebaat is bij symptoombestrijding. Bij sommige mensen werkt het goed, maar bij velen is het resultaat minimaal.

De Aurastar, een Duitse uitvinding, maakt het effect van energiestenen meetbaar en zichtbaar. Dit komt in hoofdstuk 5 'Gezond met edelstenen' aan de orde. Hier wordt de edelstenenenergie gekoppeld aan de Chinese energiegeneeskunde. Dit doe ik met behulp van de vier pijlers van de Traditionele Chinese Geneeskunde (TCG):

- alles is energie
- dat zich openbaart in Yin en Yang
- op drie niveaus
- in vijf fasen (elementen)

3. Meditatiestenen: energiestenen voor spiritualiteit

Veel natuurvolken gebruikten de energiestenen bij rituelen voor het gunstig stemmen van de goden en bij veel andere magische gebruiken. Er is dan sprake van '**meditatiestenen**'.
Als een energiesteen met behulp van rituelen of meditatie 'gevuld' is, wordt het energieveld krachtiger. Zo'n meditatiesteen kan je geluk brengen (talisman), of beschermen tegen ongeluk (amulet).
In hoofdstuk 4 'Mediteren met edelstenen' vertel ik over mijn eigen ervaringen met een talisman en een amulet en hoe je zelf meditatiestenen kunt 'vullen'.
Als een vorm van innerlijke alchemie leer je hoe meditatiestenen je geestelijke juwelen doen schitteren. Met behulp van de krachten van de meditatiesteen ga je op zoek naar je spiritueel bewustzijn.

De gelukbrengende talisman

De beschermende amulet

Dat edelstenen en mineralen een bepaalde uitwerking hebben, is voor de natuurvolken vanzelfsprekend. Ze voelden de werking beter aan dan de nuchtere, van de natuur vervreemde westerse mens van deze tijd.
Toen ik vrienden en kennissen vertelde dat ik bezig was met een edelstenenboek,

waren er twee verschillende reacties te onderscheiden. Een heel enthousiaste groep mensen vertelde me verhalen over hun eigen ervaringen. En een no-nonsense groep gaf aan dat ze geen enkele voeling met de werking van edelstenen heeft.
Met onderwerpen als esoterie, spiritualiteit, alchemie, magie en mystiek onderscheid je 'gelovigen' en 'nuchteren'.
Zelf ben ik op jonge leeftijd in aanraking gekomen met een Oosterse mystieke leer. Vanwege de persoonlijke ervaringen op spiritueel gebied hoef ik nooit te twijfelen. Het is er gewoon, en het werkt. Ik heb in de loop der jaren geleerd dat alleen mensen met spirituele ervaringen kunnen openstaan voor mijn verhalen. De 'nuchtere mens' ziet dit als hocus pocus omdat hij de verhalen niet in zijn denk- en belevingswereld kan plaatsen. Hij kan niet anders dan twijfelen aan de echtheid.
Dit is een bewustzijnsprobleem. Als je ervaringen hebt gehad op het gebied van spiritualiteit, magie en misschien ook in religie, dan ligt het pad naar bewustzijnsverruiming open. Vanaf dat moment is er geen weg terug! Met andere woorden: als de stroom van bewustzijn op gang is, zit je in een andere denk- en belevingswereld. Bewustwording is de eerste stap om de energie van stenen te herkennen. Daarna kun je de edelstenenenergie voor verschillende doeleinden gebruiken.
Het is niet moeilijk de energiesteen te zien als sieraad voor de uiterlijke schoonheid. Voor velen gaat het te ver om er gezondheidswaarden of zelfs spirituele waarden aan te hechten. Daarom nodig ik je uit voor een uitstapje naar de magische wereld van het bewustzijn.

Hoofdstuk II

DE MAGISCHE WERELD VAN HET BEWUSTZIJN

Kijk naar de onderstaande tekening en vertel wat je ziet.

Blijf goed geconcentreerd kijken. Net zolang tot je het beeld ziet veranderen. Hoe is het mogelijk dat deze tekening twee totaal verschillende beelden oplevert? Want een knappe jonge dame verschilt nogal van een oude heks. Je ziet de kin van de dame veranderen in de neus van de oude heks en het oor in een oog of andersom.

In eerste instantie herken je in de tekening een jonge dame of een oude heks. Alleen als je weet dat er twee figuren in de tekening verborgen zijn, ga je op zoek naar de tweede figuur. Als je er niet van bewust bent, zoek je niet verder.

Oké, je ziet dat een simpele tekening op twee manieren bekeken kan worden. Ik ga nog een stap verder. Kijk naar de volgende tekening. Wat zie je?

Hier volgen twee gesprekken met twee kennissen: een 'nuchtere' en een 'gelovige'. Tot welk type behoor jij?

Gesprek met de nuchtere

'Kijk naar bovenstaande afbeelding. Wat zie je dan?'
De nuchtere: 'Ik zie talrijke gekleurde stervormige figuurtjes.'
'Oké, blijf goed naar de afbeelding kijken. Wat zie je dan?'

De nuchtere kijkt geconcentreerder en zegt:
'Niets meer, moet ik soms Waldo vinden?'
'Nou nee, als je goed kijkt, zit er in de tekening een driedimensionale figuur verborgen.'
De nuchtere: 'Hoe kun je in een plat vlak, zoals deze tweedimensionale tekening, drie dimensies waarnemen? Dat is niet mogelijk!'

Gesprek met de gelovige
'Kijk naar bovenstaande afbeelding. Wat zie je dan?'
De gelovige: 'Op dit moment zie ik alleen gekleurde stervormige figuurtjes.'

'Oké, blijf goed naar de afbeelding kijken. Wat zie je dan?'
De gelovige: 'Ja, ik ken deze 3D-tekeningen. Ik probeer ook op een andere manier te kijken. Out of focus noemen ze dat.'
Na een poosje: 'Ja, nu zie ik het! Ik zie Saturnus! Schitterend zeg!
Het voelt verruimend als je de tekening anders kunt zien.'

De gelovigen van nu zijn eens nuchter geweest. Wanneer ze echter 'het licht' hebben gezien, in dit geval de derde dimensie, geloven ze erin. Zonder dat ze het zien, weten ze dat het hier om een 3D-tekening gaat. De gelovigen hebben geleerd op een andere manier te kijken om daarna het 'Aha'-moment te beleven. Een ander gedeelte van de hersenen wordt geprikkeld en er ontstaat een verruimend gevoel. Een wereld waar hun bewustzijn groter lijkt. Ze zien wat ze eerst niet hebben kunnen waarnemen. En dat voelt goed!

1. Verschillende kijkmethoden

Je leert op een andere manier te kijken. Hierbij heb je geen gekleurd brilletje nodig. Vandaar dat deze techniek 'free viewing' wordt genoemd.

Om de verborgen driedimensionale afbeelding te kunnen zien, is het belangrijk dat je er in alle rust voor gaat zitten. Neem er alle tijd voor. Soms kan het wel tien minuten duren voor het lukt de verborgen afbeelding te zien.

Er zijn verschillende manieren om naar de afbeelding te kijken.
De eerste manier is je te concentreren op iets in de verte en vervolgens de afbeelding voor je ogen te houden. Blijf als het ware door de plaat heen in de verte kijken. Knipper niet met je ogen en ontspan je. Na verloop van tijd springt het verborgen beeld eruit.

De tweede methode is het beeld heel dicht tegen je gezicht te houden en er doorheen in de verte te staren. Verwijder de afbeelding heel langzaam van je gezicht. Stop op een comfortabele leesafstand, maar blijf staren. De meeste discipline is vereist wanneer zich een beeld gaat vormen, want dan ben je geneigd naar de plaat te gaan kijken in plaats van erdoorheen.

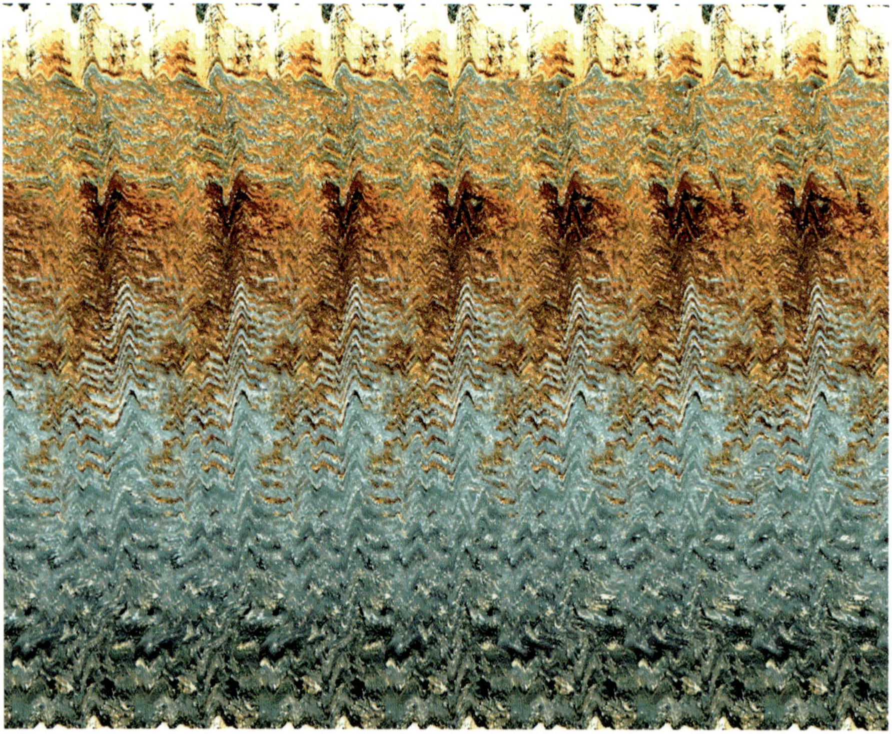

De derde manier is scheel kijken. Houd je duim op een afstand van ongeveer vijftien centimeter voor je ogen, met vijf centimeter daarachter de plaat. Focus gedurende een minuut op je duim en als het goed is, zie je op de plaat erachter een driedimensionaal beeld te voorschijn komen.
Wat zie je dan?

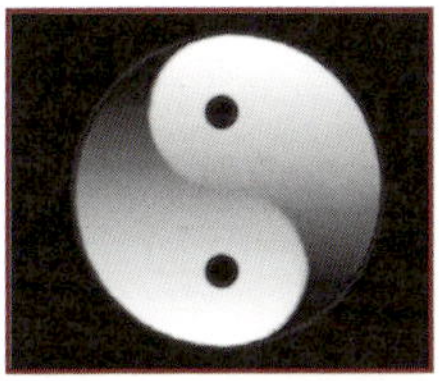

Het Yin-Yangsymbool

Deze 3D-tekening blijkt door een andere kijk een verborgen dimensie te bezitten. Maar hoe is het als je met een andere kijk door een bos wandelt?
Wacht even! Luister naar het gesprek met de nuchtere kennis van me. We lopen gezamenlijk in het levende bos. Ik vraag hem: 'Wat zie je?'
'Ik, ik zie bomen, struiken, wandelpaden. Waar wil je naartoe?'
'Wat voel je?' vraag ik.
'Ik, ik voel me goed. Waarom vraag je dat?'

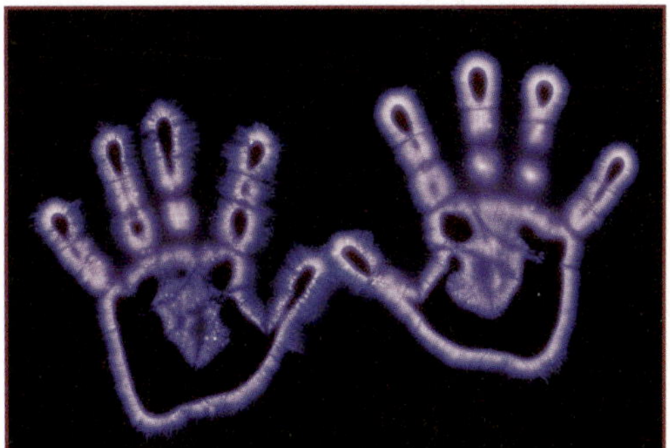

Alles wat leeft, straalt energie uit. Kirlian-opnames van een blad en Kinderhanden

Ik loop naar een oude kastanjeboom en houd mijn handen op tien centimeter van de stam en vraag: 'Voel jij ook de energie van deze boom?'
'Wat? Energie van de boom?'
'Ja!' roep ik enthousiast, 'alles is toch energie. Wat Albert Einstein in de vorige eeuw ontdekte, wisten de Chinezen al een paar duizend jaar geleden. Bomen leven, dus creeren ze een energieveld. Wist je dat je met behulp van de Kirlian-fotografie de straling van de boom zichtbaar kunt maken?'
'Ach, misschien ben ik er te nuchter voor.'
'Als "te nuchter" betekent bekrompen of niet openstaand voor andere ideeën, dan ben je inderdaad té nuchter.'
'Ja hoor, en dan moet ik zeker met de bomen praten. Ik ben toch niet gek?'
'Maar, stel dat jij in staat bent de energie van de bomen te voelen. Wat zou dan jouw reactie zijn?'

Met de 3D-tekening heb ik ontdekt dat je met een andere kijk een andere dimensie ziet en voelt. Dit is een kwestie van een ander bewustzijn.
Met een Oosters bewustzijnsmodel plaats ik het bewustzijn in een nieuw licht. Het Bocam-bewustzijnsmodel kent drie dimensies en wordt daarom het 3D-bewustzijnsmodel genoemd. Van daaruit ga je de magische wereld van de energiestenen ontdekken. Sta open, wees onbevangen en vooral niet bevreesd om oude ideeën te vervangen voor bruikbare nieuwe. Maak de stap van het bewustzijnsvernauwend denken naar de wereld van de ongekende mogelijkheden.
Goede reis!

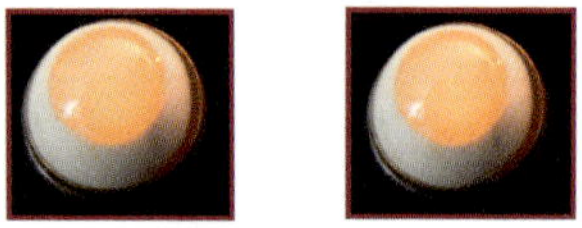

Kun je ook drie spiegelei stenen zien?

2. Het 3D-bewustzijnsmodel

We kennen het lineaire beeld van bewustzijn, waar ons bewustzijn wordt voorgesteld als een verticale lijn.

Dit Westerse beeld van bewustzijn is te vergelijken met een normale 2D-tekening. De Oosterse visie daarentegen wekt het 3D-gevoel op.
In het eerste weekend van de Bocam-opleiding tot therapeut in de Chinese Geneeskunde maken de studenten al kennis met dit 3D-bewustzijnsmodel.
In dit model is plaats voor de wereld van de dromen, de spirituele wereld met engelen, geesten en de magie van edelstenen. Maar ook passen in dit 3D-model de Chinese energiegeneeskunde en de kwantumtheorie met het Zero Point Field.

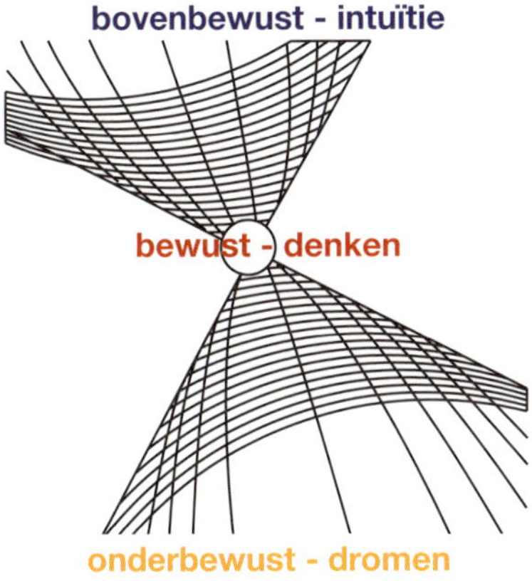

De drie niveaus van bewustzijn

Het bewustzijn wordt in het Westen onderverdeeld in onderbewust, bewust en bovenbewust. De termen 'onder' en 'boven' geven het idee van een verticale lijn. De Oosterse visie ziet het bewustzijn als een constante stroom, waar alle bewustzijnsniveaus aanwezig zijn. Alle drie bewustzijnsprocessen zijn constant aan de gang. Op één moment is slechts één bewustzijnstoestand dominant. Vergelijk dit met de sterren die overdag aanwezig zijn, maar door de dominante zon niet zijn waar te nemen. 's Avonds domineren de sterren, terwijl de zon dan niet meer is te zien.

Het bewustzijn bestaat uit de volgende drie niveaus:
- Het on(der)bewuste is het 'droomniveau'.
- Het normale bewuste heet het 'waakniveau'.
- Het bovenbewuste is het 'schouwniveau'.

Hieruit volgt dat er drie bewustzijnstoestanden zijn:
1. dromen
2. waken
3. schouwen

1. Dromen hebben een Yin-karakter; dat betekent dat dromen een geweldige ruimte geven, maar vaag zijn. Je kunt in je droom vliegen of door muren lopen, maar veel dingen blijven meestal onduidelijk. Als je over een persoon droomt, weet je vaak geen details, zoals de kleur van zijn broek of schoenen.

2. Een waaktoestand heeft een Yang-karakter. Het is veel smaller, maar kent daarentegen grote helderheid. Je kunt je beter op één punt concentreren en details zien. Maar je kunt niet door muren heen kijken.

3. Bij een schouwmoment waarin Yin en Yang elkaar aanvullen, worden de vaagheid van dromen en de smalheid van het waken overstegen. Je bewustzijn is helder en breed en je staat boven de tegenstelling.

Het 3D-bewustzijnsmodel bestaat uit negen bewustzijnsdimensies.

3D-bewustzijnsmodel			
Bewustzijns-niveaus	on(der)bewust	bewust	bovenbewust
Schouwen bovenbewust	7 intuïtie telepathie	8 zelfverwerkelijking geestelijk gedrag	9 Tao Zero Point Field
Waken bewust	4 slaap-waak instinctief gedrag	5 linker- en rechter- hersenhelft denken	6 bezinning meditatie
Dromen onderbewust	1 vergeten droom	2 verwerkingsdroom	3 schouwdroom visioen info droom

Dromen, waken en schouwen bezitten elk drie dimensies in zich.
Je kunt op onbewust, bewust en bovenbewust niveau dromen.

Je kunt op onbewust, bewust en bovenbewust niveau waken.
Je kunt op onbewust, bewust en bovenbewust niveau schouwen.

3. Negen bewustzijnsdimensies

A. De Droomfase

Veel Oosterse volken hechten waarde aan dromen. In het Westen hebben veel mensen geen voeling met hun dromen. 'Dromen zijn bedrog' is een uitspraak die vertelt dat dromen geen informatie verschaffen voor het dagelijks leven.
Vrijwel iedere ochtend wisselen mijn partner en ik onze dromen uit en hechten we waarde aan sommige van onze dromen. Hier volgen in het kort de drie droomdimensies:

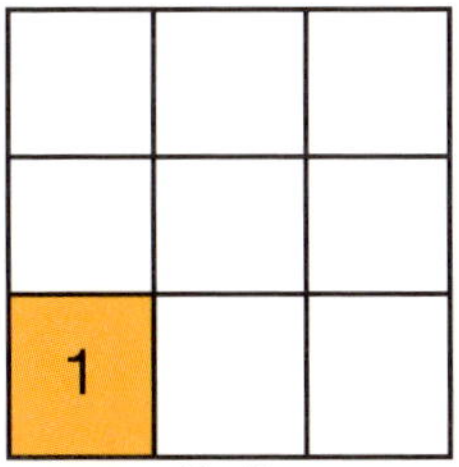

Dromen op on(der)bewust niveau

1. De vergeten droom

Als we wakker worden en onze droom niet meer kunnen herinneren, dan zeggen we dat we niets gedroomd hebben. In feite bedoelen we ermee te zeggen dat we onze droom vergeten zijn. Ieder mens droomt en daarom is hier sprake van de 'vergeten' droom.
In dit eerste stadium is het bewustzijn slapende en bevinden we ons op vegetatief niveau. Op dit niveau zijn we ons het minst bewust en kan onze droom ons geen informatie geven. In de eerste bewustzijnsdimensie laden we onze batterij op. Het energiepeil gaat omhoog zodat we er de volgende dag weer fris tegenaan kunnen.

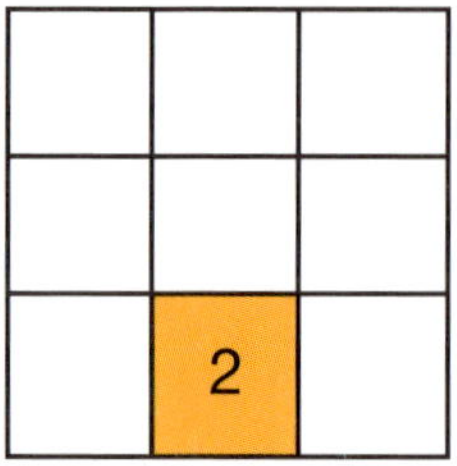

Dromen op bewust niveau

2. de verwerkingsdroom

De dromen in dit stadium bestaan uit beelden, gedachten en gevoelens die we overdag hebben meegemaakt. We gebruiken hier in onze slaap de droom om de dag te verwerken. Als we de volgende ochtend onze droom herinneren, realiseren we het verband tussen de droom en een gebeurtenis van de vorige dag. Soms komt het voor dat de verwerking zo heftig is, dat het lijkt alsof we niet geslapen hebben. We staan bij wijze van spreken vermoeider op dan dat we naar bed waren gegaan.
In hoofdstuk III bespreken we de meditatie 'revue passeren'. Je leert de dag bewust op waakniveau te verwerken. Hierdoor verbeter je de slaapkwaliteit en ontstaat er ruimte om te dromen op het volgend niveau.

Dromen op bovenbewust niveau

3. de helderziende droom; het visioen

In bewustzijnsdimensie 3 belanden we in de helderziende dromen. Als we er open voor staan, kan het iedereen overkomen. Soms worden we 's nachts wakker van een droom. Het voelt zo echt, het lijkt helderder en werkelijker dan in de normale waaktoestand. Deze dromen geven ons informatie vanuit een andere wereld. Komt de droom herhaaldelijk terug, dan is de boodschap nog niet begrepen.

We moeten ons realiseren dat dromen krijgen en dromen interpreteren twee verschillende zaken zijn. Net als in het Bijbelse verhaal waar de Egyptische farao een visioen krijgt over de zeven vette en zeven magere koeien. Visioenen komen vaak in symbolentaal tot ons.

B. De Waakfase

We verkeren het langst van ons leven in de waakfase. Dit is de fase waar we kunnen leren wat geluk, liefde en vrijheid is. Maar dat is geen gemakkelijke weg. We kunnen tegenwind verwachten, want de huidige samenleving is niet ingesteld op bewustzijnsverruiming. Sterker nog, het lijkt alsof ze niet gesteld is op bewustzijnsverruimende ideeën. Dit pad behoren we ook individueel te bewandelen.

On(der)bewust waken

4. slaap-waak

Overdag verkeren we de meeste tijd in dit stadium. Het is een soort dagdromen waar het bewustzijn op een laag pitje staat. Hier werkt de automatische piloot, zoals bij fietsen of afwassen. We functioneren in deze dimensie af en toe op animaal niveau.
Bij een dier zorgen zijn instincten voor het overleven; dan is er dan sprake van een natuurlijk gedrag. Wij mensen zijn zo ver van de natuur verwijderd, dat wij een 'cultuurlijk' gedrag moeten aankweken. Zo behoren we de energie van ons vecht-vluchtinstinct te transformeren met behulp van een aangeleerd gedrag.
Kunnen we dit niet, dan slaat in dit onbewuste waakniveau de stress toe. We schieten dus automatisch in een stress.
Het wordt dan moeilijk in de volgende waakdimensies te komen. In hoofdstuk V 'Gezond met edelstenen' komt stress uitgebreid aan de orde.

Bewust waken

5. denken

In deze bewustzijnsdimensie maken we een splitsing tussen de linker- en rechterhersenhelft. Vanaf deze dimensie onderscheiden we ons van de dieren. Het denken schenkt ons vrijheid, maar vormt tegelijkertijd onze valkuil.
Vanwege de bouw van onze hersenen, een linker- en rechterhersenhelft, geeft ons denken altijd een tweespalt: ja of nee; links of rechts. Alleen als de beide hersenhelften samenwerken, zijn we in staat evenwichtig en gelukkig te leven.
De volgende bewustzijnsdimensie, nummer 6, helpt ons hierbij.

Bovenbewust waken

6. meditatie

In deze fase zijn we bewust bezig met het grijpen van het bovenbewuste, het bovennatuurlijke. Dit doen we met behulp van meditatie of bezinning. Meditatie is onontbeerlijk om te komen tot onze geestelijke juwelen van hogere gevoelens, zelfbeheersing en vrij denken. Juist de geestelijke dimensies onderscheiden ons van de dieren.
Dit boek berust voor een groot gedeelte op deze bewustzijnsdimensie. In deze dimensie kunnen we overdag beter in de flow geraken en 's avonds visioenen ontvangen. Kortom, meer voeling krijgen met het bovenbewuste.

C. De Schouwfase

De opvoeding staat ervoor garant dat we als kind het schouwen verleren.
Als peuter en jong kind word je opgevoed in de wereld van sprookjes en magie. Naarmate je ouder wordt, mag je niet meer in sprookjes geloven. Onze samenleving is daarop niet ingesteld.

On(der)bewust schouwen

7. intuïtie

Je zit op de bank in je woonkamer. Plotseling moet je aan iemand denken. Een paar seconden later gaat de telefoon en de bewuste persoon belt.
'Goh, dat is toevallig, ik zat net aan je te denken,' is een regelmatig voorkomend begin van een gesprek.
Dit onbewuste schouwmoment hebben we niet onder controle. We krijgen een telepathisch moment, maar het gebeurt op onbewust niveau. Spontaan krijgen we een inzicht met een connectie naar de werkelijkheid.
Als we regelmatig mediteren, komen de momenten van voorgevoelens en helderziendheid vaker voor.
Willen we deze vermogens ook daadwerkelijk kunnen sturen, dan moeten we naar de volgende fase om bewust met schouwen bezig te zijn.

8. zelfverwerkelijking/de levenskunstenaar

De levenskunstenaar kan denken en voelen. Hij werkt zowel met zijn linker- als rechterhersenhelft. Hij kan zowel analyseren als zijn innerlijk ervaren en beschikt zowel over verstand als intuïtie. Je noemt hem zelfverwerkelijkt, want hij geniet van het leven. Een Chinese spreuk luidt: 'Geluk ligt in de menswording.' We zijn allen op weg om meer mens te worden. Als bewustzijnsniveau 1 op vegetatief niveau is en bewustzijnsniveau 4 op animaal niveau, dan wordt dit het humane niveau. Het niveau van de toekomstige mens. Hier zijn we geëvolueerd en hebben ons vecht- en vluchtinstinct overstegen.

Bewust schouwen

Op dit niveau handelen we vanuit een hoger bewustzijn, dat we hierna in bewustzijnsdimensie 9 tegenkomen. Hier hebben we greep op de realiteit die vele malen groter is dan ons huidige realiteitsbeeld. Op dit niveau wordt geld verdienen als belangrijk gezien, maar niet meer als het belangrijkste. Er wordt doelbewust energie gestoken in het verkrijgen van geluk, gezondheid, liefde, vrijheid en spiritualiteit. Want in deze bewustzijnsdimensie is er een eenheid van denken, voelen, willen en gedrag.

Bovenbewust schouwen

9. Tao, Ontwaakt, Nirvana, Godsbesef, Magie, Zero Point Field, het Veld

Dit is ontegenzeglijk de dimensie waar heel het leven om draait. Zoals wij 'normale' mensen in de vierde bewustzijnsdimensie vertoeven, zo putten bijvoorbeeld Jezus en Boeddha voortdurend uit deze negende dimensie. Het is geen toeval dat Boeddha 'de Ontwaakte' betekent. Hij is voorgoed ontwaakt uit de slaap-waakdimensie (nummer 4). Het bovenbewust schouwen kent veel benamingen: de Verlichting, het Nirvana, het Godsbesef, de Goddelijke vonk, Allah of Tao. Hier kom je tot je innerlijke bron.

De I Ching, Tarot, Kabbala, Koran en de Bijbel zijn allemaal wegen naar dat ene energieveld, dat met respect 'het Veld' wordt genoemd en dat ons en het hele universum met zich bindt.
Ook de wetenschap krijgt hier lucht van en spreekt van het Zero Point Field. Men komt aan de naam omdat er bij het absolute nulpunt (-273°Celsius) nog steeds energie meetbaar is. Een allesomvattend energieveld dat mens en materie met elkaar verbindt.
Op zoek naar het hart van de materie - naar het allerkleinste deeltje - ontdekken natuurkundigen de bijzondere eigenschappen en mogelijkheden van dit Veld. Het Zero Point Field draagt de verklaring aan voor talrijke bekende verschijnselen en processen die de wetenschap tot dusver voor raadselen stelde. Van zwaartekracht tot elektromagnetisme en van de spontane genezing van een wond tot helderziendheid en telepathie: het zijn allemaal verschijnselen die hun oorsprong vinden in dit kwantumveld.
De Engelse wetenschapsjournaliste Lynn McTaggart schrijft: 'Onderzoekers ontdekken dat het Zero Point Field de blauwdruk bevat van ons bestaan.' Alles en iedereen is met elkaar verbonden door middel van dit Veld waarin alle informatie van alle tijden zou zijn opgeslagen.

Uiteindelijk kun je alles - van mensen tot materie - terugvoeren op een verzameling van elektrische ladingen die voortdurend in contact staan met deze oneindige zee van energie. Onze interactie met dit Veld bepaalt wie wij zijn, worden en waren. Het Veld of, zoals je wilt, het Zero Point Field vormt de alfa en omega van ons bestaan.
Oké, hoor ik je denken, dit klinkt goed, maar hoe kom ik in het Veld?
Laat ik je eerst vertellen wat ik bij toeval ontdekte, want ons 3D-model is nog niet af.

4. De bewustzijnsbeperkende driehoek

Toen ik mijn kopie van het 3D-bewustzijnsmodel uit een grote stapel met papier haalde, was hij gevouwen. Ik vouwde hem open en zag dat de vouw schuin door het vierkant van het bewustzijnsmodel liep. Hierdoor ontstonden er twee driehoeken: een linker- en een rechterdriehoek. Toen ging er een wereld voor me open. Opeens zag ik het verschil tussen de werelden van de nuchteren en de gelovigen, tussen de normale en de paranormale wereld.

Ik realiseerde me waar in onze Yang-maatschappij de schoen wringt.
We bevinden ons grotendeels in de linkerbewustzijnsdriehoek waar het linkerhersenhelft-denken dominant is.

rechterdriehoek

7 intuïtie telepathie	8 zelfverwerkelijking geestelijk gedrag	9 Tao Zero Point Field
4 slaap-waak instinctief gedrag	5 linker- en rechter- hersenhelft denken	6 bezinning meditatie
1 vergeten droom	2 verwerkingsdroom	3 schouwdroom visioen info droom

linkerdriehoek

De mensen die de meeste tijd in de linkerdriehoek zitten, noemen we de normalen, de nuchteren, onder ons. Zij hebben geen bewuste ervaring met de andere kant, de andere dimensies. Wanneer ze incidenteel een ervaring krijgen van een schouwdroom of een intuïtief moment, dan wordt dat als onzin of toeval afgedaan. Hun kijk op de wereld en hun gedrag zullen hierdoor in ieder geval niet veranderen. Status, geld en macht vormen hier de drijfveren.
De huidige Westerse maatschappij is gebaseerd op de linkerdriehoek en vereist niet meer bewustzijn. Je kunt in deze driehoek maatschappelijk gezien voldaan hebben.
Maar de vraag is: 'Voel jij je ook voldaan?' Alleen het leven ervaren in deze 'normale' driehoek werkt beklemmend. Angsten, fobieën, anorexia, psychosomatische klachten, burn-out en zelfdoding zijn aantoonbare bewijzen dat we hier te maken hebben met de bewustzijnsvernauwende driehoek. Drank, drugs en alle andere verslavingen lijken op uitingen om uit deze driehoek te geraken. Wellicht met een onbewuste intentie

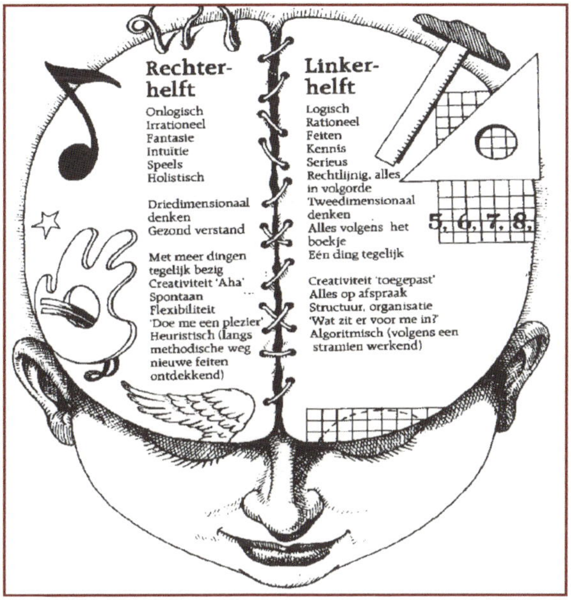

om te ontsnappen aan de normale driehoek en contact te maken met het Goddelijke of het Veld.
De sleutel van de oplossing ligt in dimensie nummer 5. Zoals je kunt zien deelt de vouw het denken in twee helften. In werkelijkheid is dat ook het geval. We hebben zowel een linkerhersenhelft-denken als een rechterhersenhelft-denken.

Het linkerhersenhelft-denken beperkt ons. Deze analytische manier van denken plaatst alles in hokjes. Het haalt ons uit het hier en nu, omdat je alleen over het verleden en de toekomst kunt denken. Hoe groot het denkkader ook is, het blijft beperkt. De erkende wetenschap en het technologisch denken berusten op dit analytische denken. Ook onze huidige maatschappij stoelt voornamelijk op dit 'hokjesdenken'. Onze overheersend mannelijke maatschappij is angstig voor alles wat buiten een hokje valt. Daarom beschouwt zij dat als onwaar.

Wilf Pelltier

Volgens de sjamaan Wilf Pelltier zijn wij daarom niet *at ease*, maar worden voortdurend geconfronteerd met *dis-ease*.
In de rechterdriehoek liggen de mogelijkheden om ons at ease te voelen. Daar is bewustzijnsverruiming geen luxe, maar pure noodzaak.

Hoofdstuk III

BEWUST MET EDELSTENEN

1. De bewustzijnsverruimende driehoek

Naast de linker bewustzijnsbeperkende driehoek bestaat er ook een rechter bewustzijnsverruimende driehoek. Ook wel de spirituele driehoek of de paranormale driehoek genoemd. 'Paranormaal' betekent letterlijk 'naast het normale' en behoort ook als zodanig gezien te worden.

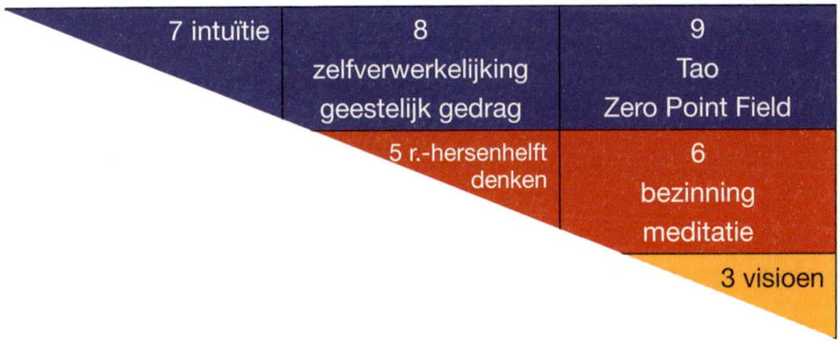

De spirituele driehoek

Om bewust uit dimensie 9, het Veld, informatie te halen, heb je gereedschap nodig. Dit zogenaamde Veldgereedschap bestaat uit de rechterkant van dimensie 5, het rechterhersenhelft-denken, gecombineerd met dimensie 6, meditatie.

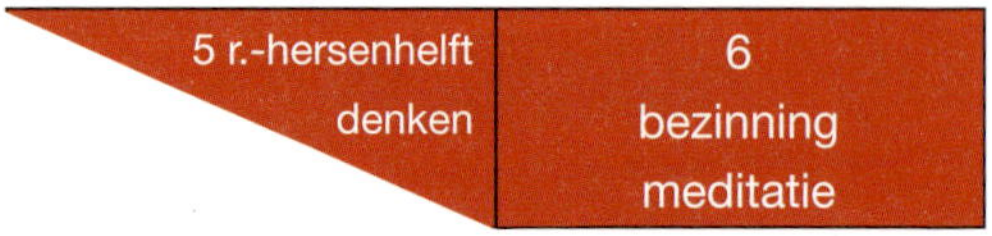

het Veldgereedschap

De rechterhersenhelft is in tegenstelling tot de linkerhelft gericht op het gevoel dat zich niet laat vangen in een hokje. Het is in het hier en nu, synthetiseert en werkt verruimend. Een gevoel is niet bedoeld om te begrijpen, maar gewoon om er te zijn: bewustzijn. Hier geldt niet zoals in de linkerdriehoek het motto 'to become', maar 'to be'.

De huidige maatschappij verliest greep op dit grote eenheidsgevoel. Ze mist de Yin-zijde die nodig is voor een Yin-Yang-eenheid. De Yin-zijde staat voor het vrouwelijke en intuïtieve aspect in ieder van ons. Alleen in combinatie met het Yin-aspect kunnen we ons in het leven op ons gemak voelen. Alleen vanuit deze belevingswereld zien we mogelijkheden.

Het gaat om een samenwerking tussen het linker- en rechterhersenhelft-denken. Een denken (linkerhersenhelft) dat gebaseerd is op het gevoel (rechterhersenhelft). In deze mannenmaatschappij is de linkerkant zo dominant, dat ik in dit boek de nadruk leg op de 'vergeten' vrouwelijke en spirituele kant. Het is ieders taak deze kant zelf te ontwikkelen om zichzelf te kunnen zijn.

Toen ik jaren geleden wilde afvallen, besefte ik als geen ander dat ik me in de bewustzijnsvernauwende driehoek bevond. Nu ik in mijn praktijk mensen met psychosomatische klachten behandel, begeleid ik ze met behulp van meditatie naar de andere driehoek. Om je een idee te geven, volgen hier enkele verschillen tussen de Yin- en Yang-driehoeken. Tussen het linker- en rechterhersenhelft-denken:

linker Yang-driehoek:	**rechter Yin-driehoek:**
Zie je beperkingen	Zie je mogelijkheden
De psycholoog kent me	Ken je zelf
De dokter geneest me	Genees je zelf
De kerk dicteert het geloof	Geloof in je zelf
De school leert	Groei zelf
De ander geeft me zelfvertrouwen	Vertrouw jezelf

2. De magische momenten vanuit het Veld

De Veldtheorie gaat ervan uit dat alle kennis in je zit. Als alle kennis in het Veld aanwezig is, dan kun je de hersenen vergelijken met een radio-ontvanger. Je stemt je radio (hersenen) af op een bepaalde frequentie, een radiostation vanuit het Veld. In de loop der jaren heb je verschillende stations voorgeprogrammeerd, de voorkeursstations. Met het Veldgereedschap, dimensie 5 en 6, creëer je een groter frequentiebereik (referentiekader) en ontdek je andere radiostations (bewustzijnsverruiming).
Het loslaten van overtuigingen en oude ideeën is een voorwaarde om open te staan voor nieuwe zenders en de oude ideeën te vervangen door rituelen. Rituelen vormen het pad naar een spiritueel bewustzijn, wat noodzakelijk is om andere radiostations te ontvangen. Alleen dan kun je je radio-ontvanger afstemmen op het zelfgenezingsstation of gewoon genieten van de *Magic Moments* vanuit het Veld.

Magic Moments vanuit het Veld

We zijn onze magische kijk op het leven kwijtgeraakt. En dan te bedenken dat vroeger de magie net zo belangrijk was als wetenschap, filosofie en godsdienst. Ze werd als een volwaardige wetenschap beschouwd. Kinderen hebben nog het vermogen, maar onze opgelegde visie onderdrukt de magie in het kind. Voor de meeste mensen behoort magie niet tot de eigen leefwereld. Ze denken bij magie aan vreemde volkeren of aan een ver verleden. De meeste studies van wetenschappelijke aard bekijken magie met grote afstandelijkheid. Onze visie op de werkelijkheid, beïnvloed door wetenschap en techniek, laat dat ook niet toe. De wetenschap vergaart kennis over de wereld en probeert haar te beheersen. Dit wordt gedaan op een wijze die volledig in strijd is met de opvattingen waarop magie is gebaseerd. Het wetenschappelijk denken is gebaseerd op het linkerhersenhelft-denken. Het magisch denken hoort thuis in de bewustzijnsverruimende driehoek. Hier wordt de informatie gehaald uit bewustzijnsdimensie negen: 'het Veld' of het 'Zero Point Field'.

Hier volgen enkele *Magic Moments* vanuit het Veld.

Enkele jaren geleden sprak ik met de inmiddels overleden sjamaan Wilf Pelltier. Hij moest met enkele kinderen van zijn indianenstam verplicht naar school. Sommige van de indianen, onder wie little Wilf, waren één met de natuur. Ze beschikten over een feilloos invoelingsvermogen. Toen ze op school wiskundesommetjes moesten maken, haalden ze het antwoord vanuit het Veld. Omdat dit voor de leraar ondenkbaar was, moesten ze wel hebben afgekeken. Wilf en zijn vriendjes werden hiervoor gestraft.
Vanuit de Veldtheorie zijn visioenen, pendelen, I Ching, Tarot, Kabbala en helderziendheid te verklaren. De Westerse reguliere geneeskunde is gebaseerd op het linkerhersenhelft-denken. De Chinese energiegeneeskunde, homeopathie en vele andere alternatieve geneeswijzen zijn gebaseerd op het rechterhersenhelft-denken. Alleen wanneer de patiënt als belangrijker dan de geneesmethoden wordt gezien, kan er een synergie ontstaan tussen reguliere en alternatieve geneeskunst.

Dieren hebben een sterke band met het Veld en halen er allerlei informatie uit.
In 1999 nam ik deel aan de Peace Conference in Den Haag en ontmoette de Engelse bioloog Rupert Sheldrake. Als kind was zijn interesse voor de bijzondere gaven van dieren al gewekt omdat zijn vader postduiven hield. Sheldrake probeerde een verklaring te vinden hoe het mogelijk was dat postduiven, 1000 kilometer van huis, weer hun huis kunnen terugvinden. Hij vroeg zich ook af waarom dieren op afstand kunnen voelen wat er met hun baas gebeurt. Op een nacht hoorde Sheldrake de hond van zijn buurman janken. De buurman was op vakantie. Twee dagen later hoorde hij dat de buurman precies op dat tijdstip op zijn vakantiebestemming aan een hartaanval

bezweek. Deze gebeurtenis liet hem niet los. Hoe kon die hond dat nou weten? Vele collega-wetenschappers probeerden Rupert duidelijk te maken dat dit geen wetenschap is. Hier heb je niets aan. De sympathieke pionier heeft doorgezet en is bekend geworden met zijn veldentheorie en zijn morfische resonatie.

Uri Geller staat erom bekend dat hij lepeltjes kan buigen door gedachtekracht. Ik herinner het me nog goed. Ik bezocht hem in 2001 thuis in Sonning-on-Thames een dorp vlak bij Londen. Hij stond in de woonkamer bij een van zijn reusachtige kristallen. Vol vuur vertelde hij me dat kristallen katalysators van energie zijn. Zonder deze kristallen kunnen televisie, computer en telefoon niet werken. Hij noemde kristallen de batterijen van de aarde. Ik zag dat hij een groot liefhebber was van edelstenen. Zijn hele huis was ermee gevuld. Hij vertelde me enkele van zijn mystieke ervaringen met edelstenen.
Hij pakte een lepel en liep naar zijn speciale kristal toe. Wreef over het lepeltje en, ja hoor, het begon te buigen. Hij gaf het lepeltje aan mij terwijl het nog warm was. In mijn hand bleef het lepeltje langzaam doorbuigen.

Lepel gebogen door Uri Geller

Jasmuheen, een bijzondere vrouw uit Australië leeft van licht en lucht. Ze haalt haar energie uit het Veld. Ik heb een aantal dagen met haar opgetrokken en ze at inderdaad niet. Alleen voor de gezelligheid dronk ze af en toe een kopje thee mee. In Nederland zijn er ook mensen die gemakkelijk een week of twee niet hoeven te eten of te drinken. Juist omdat ze geen aards voedsel tot zich nemen, worden ze hemels en spiritueel.

Dit zijn allemaal mensen die een bepaald talent bezitten om uit het Zero Point Field te putten. Ook bij verschillende musici zie ik een tendens naar de andere bewustzijnsverruimende driehoek.

Op de privé-feesten van Bono in New York (2003) en Sting in Los Angeles (2004) was hun boodschap eenduidig: wat de politici niet voor elkaar krijgen, moeten wij muzikanten maar doen. We gaan de wereldarmoede bestrijden en de tropische regenwouden redden. Op het feest van Sting waar onder anderen Bob Geldof aanwezig was, sprak men al van Live 8 dat in 2005 plaatsvond. Van muziek is bekend dat het beide hersenhelften tegelijkertijd stimuleert. Dit verklaart waarom veel muzikanten voeling hebben met de bewustzijnsverruimende driehoek. Het is goed om te zien dat veel wereldsterren hun talent gebruiken om de wereld te veranderen. Dit lijkt misschien allemaal ver van je bed, maar je hoeft niet zo ver te kijken. Iedereen heeft een talent gekregen om in het Zero Point Field, of zo je wilt bij de Goddelijke bron of je innerlijke Zelf, te komen.

Alvorens uit te leggen wat het verband is tussen edelstenen en het Veld vertel ik eerst een edelsteenervaring. Het gaat over de meditatiesteen die mij naar de andere bewustzijnswereld bracht. Geloof je in magie, dan geloof je ook in edelstenen.

3. Geloof je in edelstenen?

De bootsteen

Dit is een verhaal uit de tijd dat ik aan de Kunstacademie studeerde en op kamers woonde in Rotterdam. Op een dag bezocht ik in de Doelen een grote internationale stenen- en mineralenbeurs.

Het deed me goed de energie van verschillende stenen te voelen. Een Indische standhouder zag mijn belangstelling voor stenen. Hij liep naar achter en opende een bruine etui met daarin verschillende stenen. Eén steen sprong eruit: de steen met een soort bootafbeelding erin. Ik vroeg de man achteloos hoeveel de steen kostte, maar hij lachte en schudde zijn hoofd. 'Die steen is niet te koop,' zei hij. Terwijl hij mij verbaasd bleef aankijken, sloeg zijn nee-schudden om in een subtiel ja-knikken als teken van respect. Ik hoorde hem denken: 'Hoe kan zo'n jong Hollands meisje nou verstand hebben van stenen.' Met een paar agaten en een stersaffier keerde ik huiswaarts.

Vanaf dat moment zat ik, zoals ik dat noem, in een loop. Ik dacht regelmatig aan de bootsteen. In het weekeinde, toen ik thuis in Roosendaal bij mijn ouders logeerde, bleef de steen me achtervolgen. Ik droomde er zelfs van. De droom voelde als een echte droom in plaats van een verwerkingsdroom. Na wat speurwerk belde ik de standhouder op, maar hij klonk zeer gereserveerd. Na mijn verhaal en wat aandringen zei hij: 'Goed, ik heb een geldbedrag in mijn hoofd. Als jij de juiste prijs raadt, past de steen bij jou en anders blijft de steen bij mij.'

De bootsteen

Ik maakte mijn portemonnee open; telde mijn geld en zei: 'Vijfentwintig gulden!' Verbouwereerd antwoordde hij: 'Ja, de steen is voor jou! Ik had niet gedacht dat je de prijs zou raden. Ik stuur de steen naar je toe met een briefje erbij hoe je hem moet verzorgen. Je mag trots en blij zijn, want deze meditatiesteen brengt je naar de andere werelden.'

De bootsteen heeft me inderdaad geholpen in de droom- en meditatiewereld.

Een kennis heeft de steen voor mij betaald. Volgens de spirituele wetten koop je nooit een meditatiesteen of Boeddhabeeld voor jezelf. Het ware geluk is immers niet te koop.

Net als de bootsteen bevinden energiestenen zich in het Zero Point Field. Hun energie trilt op een bepaalde frequentie. Deze trilling kan je eigen zintuigen versterken. In Indonesië is het normaal om bijvoorbeeld een steen van de oogachtigen (tijgeroog, valkenoog) te krijgen om je helderziendheid te versterken. Edelstenen helpen je bewustzijnsniveau in de andere driehoek te verscherpen. Energiestenen hebben honderdduizenden jaren in de aarde de pure krachten van Moeder Natuur in zich opgenomen. Als je ervoor openstaat, kunnen edelstenen je helpen vanuit het Veld energie en informatie te tappen. Je versterkt paranormale gaven zoals helderziendheid en het vermogen om in te voelen. Als je bepaalde edelstenen onder je hoofdkussen legt, vergroot je de kans om visioenen of informatieve dromen te krijgen. Welkom in de wonderlijke droomwereld!

Welkom in de wonderlijke droomwereld

4. Edelstenen en dromen

Op een dag, vlak voor een lange meditatiesessie, droomde ik over een oude vrouw die ik kende en drie zwaluwen die door de wolken vlogen naar een zilveren wereld. Zoals

ik al vermoedde overleed de vrouw een paar dagen later. Nu is het niet vreemd om na een geslaagde meditatiesessie 'bij toeval' een steen van iemand te krijgen. Ik kreeg van een Indonesische goeroe een vuuropaal met drie fonkelende stukjes erin. Ik moest meteen aan de drie zwaluwen en de oude vrouw denken.
Soms heb ik het gevoel dat ik de vuuropaal onder mijn hoofdkussen moet leggen. Ik krijg dan een verhelderende droom of een visioen net zoals in het volgend verhaal van Wilf Pelltier.

Vuuropaal

De sjamaan Wilf Pelltier droomde als kind dat er op een onbekende plek een boomstam over een pad lag. Hij schrok wakker, maar wist niet wat hij met de droom aan moest. Een jaar later was hij op vakantie bij een andere indianenstam. Zijn vader moest in het holst van de nacht met spoed naar huis. In een flits zag Wilf, net zoals in zijn droom, het beeld van de boomstam op het pad liggen. Hij vertelde het aan zijn vader, die hem later zei dat hij dankzij die waarschuwing een boom die inderdaad over de weg lag op tijd in de gaten had gekregen. Anders was hij al rennend over het donkere bospad zeker ongelukkig onderuitgegaan.
Op onbewust niveau komen we met onze visioenen in de bewustzijnsverruimende driehoek. De droomwereld is een echte wereld die ons kan helpen in het dagelijks leven. We tappen met de visoenen of informatieve dromen direct uit het Zero Point Field. Met de juiste overtuiging helpt de edelsteenmeditatie je hersenen af te stemmen op het Veld dat je informatie verschaft. Informatie over het heden, verleden en de toekomst.

De droomfase is in drie bewustzijnsdimensies onderverdeeld:

1 vergeten droom	2 verwerkingsdroom	3 informatieve droom

Op bewustzijnsniveau 1 is het bewustzijn zo laag, dat je deze dimensie niet kunt gebruiken voor persoonlijke groei. In bewustzijnsdimensie 2 verwerk je de dag in je droom. Dit gaat ten koste van de slaapkwaliteit en blokkeert de overgang naar bewustzijnsdimensie 3. Het is beter de dag bewust te verwerken.

In mijn eerste boek de *Weg van Schoonheid - Meidao* leert de Japanse Zenmeester Yamada hoe je de kwaliteit van het slapen en dromen kan verbeteren. Hij geeft een oefening 'de revue passeren'. Iedere avond voor het slapen gaan, moet je de gebeurtenissen van de dag in chronologische volgorde in gedachten voorbij laten gaan. Als je dit vijfendertig dagen onafgebroken volhoudt, ben je een stap verder of, beter gezegd, een stap dichter bij jezelf. De revue passeren is op zich een techniek uit de psychotherapie, die ik als therapeute aan verschillende cliënten meegeef.
Hier volgt de techniek wat uitgebreider onder de naam 'Make Your Night'.

Make Your Night

Ga 's avonds voor het slapen op bed zitten met een sterrenbeeldedelsteen (zie pagina 51) in je hand. Loop als een objectieve toeschouwer de dag na in chronologische volgorde. Wanneer je merkt dat je een stuk bent vergeten, ga dan gewoon verder. Ga **niet** terug de tijd in. Doe dit zonder emotie. Kijk naar jezelf alsof je naar iemand anders kijkt en beleef de dag **niet** weer helemaal opnieuw met alle emoties van dien.
Je zult zien dat ook je geheugen verbetert. Je kunt als je een voorgevoel hebt je sterrenbeeldedelsteen onder je kussen leggen en bijvoorbeeld aan jezelf, God of Allah om een verhelderende droom vragen.

Met deze oefening verwerk je bewust de dag zodat dit niet meer in je slaap gebeurt. Je slaap wordt kwalitatief beter. Je slaapt rustiger, dieper en wordt daarom uitgeruster wakker. Velen zijn door deze oefening hun ochtendziekte (chagrijnigheid) kwijtgeraakt. Nu je hersenen 's nachts niet actief zijn met het verwerken van de dag, kun je jezelf programmeren.

Doe de oefening 'revue passeren' ongeveer een week lang, zodat je het effect kunt merken. Zodra je het effect voelt, kun je beginnen met het instellen van je eigen biologische klok.
Als je de alarmwekker bijvoorbeeld op 7.00 uur hebt ingesteld, spreek dan met jezelf in gedachten af dat je 2 minuten eerder, dus om 6.58 uur, wakker wordt. Volledig ontspannen visualiseer je dat je 2 minuten voordat het alarm afgaat wakker wordt. Dit visualiseren doe je met je gevoel, willen en denken.
De volgende stap is om daarna fit, fris en vrolijk wakker te worden.

5. Edelstenen en waken

Ik heb verschillende ervaringen gehad met edelstenen. Ik heb ze van kleur zien veranderen, doffer of helderder zien worden en ook zien barsten. Volgens mij is vrijwel iedere persoon in staat om in contact te komen met de energie van stenen. Alles is energie, dus ook een edelsteen heeft een energieveld. Als beginner kun je een steen in een hanger op de huid dragen. Je energie resoneert dan op het trillingsgetal van de edelsteen. Beide energieën vormen gezamenlijk een groter energieveld, waardoor jij je lekkerder voelt. We noemen dit resoneren van energieën 'coherentie'. Doe na een paar dagen de hanger met de steen af en ga na of je je anders voelt. Het is niet de bedoeling om van de steen afhankelijk te worden of hem te aanbidden. Probeer er wel op een ontspannen manier voor open te staan.
Ontspanning is het sleutelwoord om nieuwe informatie uit het Veld te krijgen. Mensen die bij voorbaat niet willen geloven, zijn vaak lichamelijk en geestelijk te gespannen. Het lijkt alsof de informatie door de spanning geblokkeerd wordt. Overmatige spanning behoort de linker bewustzijnsvernauwende driehoek toe. Pas als je je kunt ontspannen, ben je in staat de mogelijkheden van het leven te ervaren. Edelstenen kunnen je daarbij helpen.
Edelstenen zijn geen doel op zich, maar een hulpmiddel voor persoonlijke groei. Volgens de oude taoïstische filosofie ligt het geluk in de menswording. De mens is nog niet af en behoort op weg te zijn naar meer mens, meer menselijkheid. Op dit waakniveau kun je de volgende oefening of meditatie toepassen. We noemen deze techniek 'Make Your Day'.

Make Your Day

Bij het wakker worden staat de geest open voor gevoelens en gedachten. Bovendien is je geheugen op zijn best wanneer je net wakker bent. Als je iets nieuws in je wilt opnemen, is het beter om dat nu te doen dan op een later tijdstip. Neem eerst tijd voor jezelf. Niemand is belangrijker voor jou dan jij zelf. En als jij vrolijk bent, profiteren anderen daarvan mee. Blijf nadat je wakker wordt de eerste twee tot vijf minuten in bed. Gebruik deze tijd om de dag van het begin tot het einde rooskleurig voor te stellen. Hoe zou de dag er uitzien als alles perfect verloopt? Als je in slaap dreigt te vallen, stap je eerst uit bed en doe dan enkele warming-upoefeningen.
Denk en voel bij iedere lichaamsoefening iets positiefs. Geniet van datgene wat je inspireert tijdens deze eerste momenten van de dag. Zij zijn bepalend voor je stemming voor de rest van de dag. Je kunt de programmering doen met een edelsteen in je hand. Op dit moment van de dag sta je het meest open voor de energie van edelstenen.
Ga rustig ontbijten. Dat houdt in: geen krant lezen of tv-kijken. Geniet van het ontbijt want dan haal je er de meeste energie uit.

Met welke edelstenen kunnen we beginnen?

De waakfase bestaat uit de volgende drie bewustzijnsdimensies:

4 instinct 'het willen'	5 links + rechts 'het denken'	6 meditatie 'het gevoel'

Voor bewustzijnsdimensie 4 gebruik je de compacte opake (ondoorschijnende) stenen die je wilskracht versterken. Bijvoorbeeld een agaat, turkoois, lapis lazuli of jaspis.
Voor bewustzijnsdimensie 5 gebruik je de geheel heldere, (vrijwel) doorzichtige stenen, zoals bergkristal, diamant, aquamarijn of saffier. Deze versterken je gedachtekracht.
Voor bewustzijnsdimensie 6 kun je de niet-doorzichtige stenen uitproberen, zoals valkenoog, tijgeroog, rozenkwarts of chalcedon. Deze versterken je positief gevoel.

Sterrenbeeldedelstenen

De astrologie bestudeert de invloed van de sterren en planeten op de mens. De stand van de sterren en planeten tijdens je geboorte bepaalt onder welk dierenriemteken je valt. Er zijn 12 tekens en ze bepalen voor een groot gedeelte je karakter en persoonlijkheid.

Kijk welke steen er astrologisch gezien het beste bij jou past. Zoek een steen uit en draag hem overdag. Ga voor het naar bed gaan na of je in de loop van de dag een energetische verandering hebt ervaren.

Aries of Ram '21-03/20-04'

element: vuur getal: 9 sleutelwoord: ik ben

Behoort bij een objectief karakter en de behoefte zich energiek en actief in het leven te storten

Edelsteen: carneool, diamant, (rode) granaat, heliotroop, hematiet en robijn

Taurus of Stier '21-04/20-05'

element: aarde getal: 6 sleutelwoord: ik heb

Behoort bij een productief, volhardend karakter en de behoefte aan bindingen, zekerheid en materiele steun

Edelsteen: agaat, aventurijn, citrien, heliotroop, malachiet, rozenkwarts en smaragd

Gemini of Tweelingen '21-05/20-06'

element: lucht getal: 5 sleutelwoord: ik denk

Behoort bij een veranderlijk karakter en de behoefte zich aan de omgeving aan te passen en met anderen te communiceren

Edelsteen: aquamarijn, barnsteen, bergkristal, chalcedoon, citrien en tijgeroog

Cancer of Kreeft '21-06/21-07'
element: water getal: 2 sleutelwoord: ik voel
Behoort bij een defensief, gevoelig karakter en de behoefte anderen te beschermen en te voeden
Edelsteen: aventurijn, jade, koraal, maansteen, onyx, opaal, parel en smaragd

Leo of Leeuw '22-07/22-08'
element: vuur getal: 1 sleutelwoord: ik wil
Behoort bij een sterk, dominant karakter en de behoefte gezag uit te oefenen
Edelsteen: barnsteen (fossiel), bergkristal, citrien, diamant, robijn en zirkoon

Virgo of Maagd '23-08/22-09'
element: aarde getal: 5 sleutelwoord: ik analyseer
Behoort bij een analytisch, kritisch karakter en de behoefte aan doelmatigheid en volmaaktheid
Edelsteen: amethist, barnsteen (fossiel), citrien, lapis lazuli, saffier, sodaliet en zirkoon

Libra of Weegschaal '23-09/22-10'
element: lucht getal: 6 sleutelwoord: ik balanceer
Behoort bij een harmonieus karakter en de behoefte aan eenheid met anderen
Edelsteen: amethist, aquamarijn, chrysopraas, heliotroop, koraal, olivijn en rozenkwarts

Scorpio of Schorpioen '23-10/21-11'
element: water getal: 9 sleutelwoord: ik verlang
Behoort bij een fel en intens karakter en de behoefte zich met zijn bron te identificeren
Edelsteen: granaat, heliotroop, hematiet, jaspis, malachiet, obsidiaan en rhodochrosiet

Sagittarius of Boogschutter '22-11/20-12'
element: vuur getal: 3 sleutelwoord: ik zie
Behoort bij een ruim, vrijheidslievend karakter en de drang om onbekende terreinen te verkennen
Edelsteen: amethist, lapis lazuli (lazuriet), olivijn, saffier, sodaliet, topaas (edeltopaas)

Capricornus of Steenbok '21-12/21-01'
element: aarde getal: 8 sleutelwoord: ik gebruik
Behoort bij een rationeel, voorzichtig karakter en de behoefte zich ordelijk te gedragen
Edelsteen: bergkristal, diamant, maansteen, obsidiaan, onyx, toermalijn (rode)

Aquarius of Waterman '22-01/18-02'
element: lucht getal: 8 (en 4) sleutelwoord: ik weet
Behoort bij een afstandelijk, onconventioneel karakter en de behoefte zich met de progressieve doelstellingen van de maatschappij te identificeren
Edelsteen: aquamarijn, saffier, topaas (edeltopaas) en turkoois

Pisces of Vissen '19-02/20-03'
element: water getal: 3 (en 7) sleutelwoord: ik geloof
Behoort bij een dromerig, ontvankelijk karakter en de behoefte boven het materiële uit te stijgen
Edelsteen: amethist, aquamarijn, jade, koraal, maansteen, opaal, parel, turkoois

6. Edelstenen en schouwen

Op het bovenbewuste schouwniveau komt er meditatie aan te pas. De meditatiesteen is een hulpmiddel om bewust afgestemd te zijn op het Veld. Dit is essentieel om spiritualiteit en magie te kunnen ervaren. Het volgende hoofdstuk is eraan gewijd. Over magie gesproken, ik wil hier één van mijn wonderbaarlijke ervaringen op het gebied van de magie kwijt.

In 2000 heb ik meegewerkt aan een pilot voor een spiritueel programma voor de Duitse televisie. Spirituele leiders over de hele wereld kwamen daar aan bod, zoals Deepak Chopra, Wilf Pelltier en Jashmuheen.
Ruud Westerkamp, Patrick Orr, René van Geffen en Ernst Leenaars en ik brachten een bezoek aan de ashram van Amma Narayani in Zuid-India.
Amma is een reïncarnatie van een vrouwelijke godheid in een mannenlichaam. In 1992 verklaarde Amma op 16-jarige leeftijd dat hij een reïncarnatie was van de godin Narayani. Toen we de jonge Avatar opzochten had zij nog geen tempel. Wij namen deel aan de ceremonies in een koeienstal en spraken hem met haar aan. Volgens de gebruiken, knielde ik voor haar.

Ik zat op tien centimeter afstand van haar hand en dat kwam goed uit.
Zij begon met haar hand cirkelbewegingen boven de grond te maken. Daarna bracht ze haar vingers bij elkaar en er verscheen een soort druppel tussen de vingers. Het fascineerde mij enorm. Ik wist niet wat ik moest verwachten. Ik bleef geconcentreerd kijken hoe de druppel de vorm van een beeldje aannam. Het was een beeldje van Lakshmi.

Amma

Amma gaf het beeldje aan mij als symbool voor voorspoed en geluk. Een goocheltruc kon dit niet zijn. Mouwen had ze niet want Amma droeg alleen een oranje lendendoek. Wij allen voelden een sterke magische kracht in de lucht. De hele nacht waren we er nog beduusd van. Ruud heeft de hele materialisatie van Lakshmi van dichtbij gefilmd. We zijn ervan overtuigd dat het hier om een echte materialisatie gaat. Amma materialiseerde ook een Ganesha voor René. Opnieuw werden we verrast door de magie in de lucht. Op onze verdere reis door India kreeg Ruud vibhutti, heilig as, van Sai Baba.
Het India-avontuur bevestigt opnieuw dat er meer is tussen hemel en aarde. Overal in de wereld zijn er mensen, net als Amma Narayani, die op hun eigen manier met hun meditaties een steentje bijdragen aan een betere wereld.

Lakshmi

HOOFDSTUK IV

MEDITEREN MET EDELSTENEN

1. YIN- EN YANG-ENERGIESTENEN: AMULET EN TALISMAN

Alles is energie en alles verandert door een samenspel van de twee oerkrachten Yin en Yang. Energiestenen zijn onder te verdelen in Yin- en Yang-stenen:

Yin-energiestenen zijn beschermende of nemende stenen. Ze zijn onheilwerend en behoeden je voor ongelukken. Yin-energiestenen gebruik je als amulet; ze worden meestal in een gouden hanger of ring gezet. Goud als symbool voor de zon en voor Yang.

Yang-energiestenen zijn voedende of gevende stenen. Ze geven kracht en zijn gelukbrengend. De talisman behoort tot de Yang-energiesteen en wordt in zilver gezet. Anders verliest de talisman zijn kracht. Zilver als symbool voor de maan, voor het vrouwelijke.

Een Yin-energiesteen zet je in een Yang-setting en omgekeerd. Hierdoor bewaar je de Yin-Yang-eenheid. Vele goeroes uit het Oosten laten hun echte meditatiestenen niet zien. Zij dragen de stenen in een buidelzakje om de nek. In het begin, als de steen nog niet in een setting is geplaatst, kun je dat ook doen.
De volgende verhalen over een kiezelsteen en een amethist vertellen mijn eerste ervaringen met een amulet en een talisman.
Welkom in de wonderlijke wereld van de mystiek!

De geheimzinnige kruissteen

In de tijd dat de mobieltjes nog niet bestonden, maakte ik regelmatig gebruik van de openbare telefonie. Ik herinner me dat ik mijn portemonnee vergat in een telefooncel. Kort daarna werd mijn nieuwe portemonnee ook nog gestolen. Dat alles bij elkaar maakte me erg van streek. Hier is mijn verhaal over de geheimzinnige kruissteen als amulet.

Ruud keek me aan en zei dat er een bepaalde steen bestond die erg goed voor me zou zijn, maar ik moest hem zelf vinden. Ik vroeg hem waar, maar hij zei: 'Als het op je pad is, dan zul je hem weldra vinden. Kijk wat meer naar de grond en zoek naar een kiezelsteen met een kruis erin. En het liefst een kruis met een hoek van 90 graden. De steen heet tapak jalah en het lijkt alsof er een vogelvoetafdruk in staat.'

Voor het slapen gaan, mediteerde ik met mijn bootsteen en wenste dat ik zo'n kruissteen mocht vinden. Ik begreep dat de kruissteen mij een stap verder zou brengen. Waar naartoe wist ik niet. Die nacht kreeg ik een droom of beter gezegd een flits. Ik zag een vrouw een steen weggooien. Met een grote boog kwam de steen precies voor mijn rechtervoet. Ik schrok wakker en realiseerde me dat dit een echte droom is. Een visioen met een goed voorteken. De volgende ochtend was mijn aandacht naar beneden gericht. 's Middags was dat al wat minder en 's avonds was ik de flits vergeten. Nog laat in de avond ging ik mediteren met een paar vrienden in Visdonk, een bos iets buiten Roosendaal. We noemden het zelf 'oefeningen doen'. Je zit op de grond en je maakt je hoofd leeg van de alledaagse beslommeringen. Daarna doe je de Tai Chi-vorm en sluit de oefeningen af met spontane bewegingsoefeningen. Omdat één van de vrienden de Tai Chi oversloeg en begon met de luidruchtige bewegingsoefeningen, liep ik naar een andere plek. Ik strikte mijn rechtersportschoen en wat zag ik vlak voor mijn rechtervoet: jawel, een kruissteen. Ik ging naar Ruud en die zei niet meer dan: 'Goed, dan kun je hem voortaan in je portemonnee stoppen, dan zul je hem niet meer kwijtraken.'

Nog helemaal beduusd van het voorval vroeg ik om een verklaring.

Ruud lachte: 'Als je er een verklaring voor hebt, dan is het geen mystiek meer, dan praat je over wetenschap. En daar ben ik niet goed in. Mystiek kent haar eigen wetten en kan zelfs de natuurwetten overstijgen.'

Je kunt begrijpen dat deze eerste ervaring er goed inhakt. Ik heb die nacht niet goed geslapen. Ik kon het maar niet begrijpen. Hoe kan ik iets dromen dat de volgende dag uitkomt?

Met de kruissteen als amulet ben ik tot op de dag van vandaag mijn portemonnee nooit meer verloren. Zoals het oude volksgeloof voorschrijft, klop ik maar eerst driemaal op een houten voorwerp.

De mats amethist

Op het gebied van de meditatie maakte ik vorderingen. In ieder geval meer dan met het autorijden. Twee keer gezakt en het leek erop alsof het steeds moeilijker werd. De druk van buitenaf zorgde ervoor dat ik dacht: maar nu móét ik het halen. Hier is mijn verhaal over de amethist.

Ik vroeg mijn leraar of hij mij kon helpen. 's Ochtends vroeg, voordat ik naar het examen ging, moest ik eerst een steen ophalen. Bij de voordeur kreeg ik een amethist in een buidelzakje van rendierhuid. Ik droeg het als een ketting om mijn nek. In Indonesië heet deze steen kecubung kassian, dat wil zeggen dat de mensen medelijden met jou krijgen en jou daardoor helpen. Geloof het of niet, maar na afloop zei de rij-examinator tegen mij: 'Als je me belooft dat je voortaan meer in je achteruitkijkspiegel kijkt, laat ik je nu slagen.' Niet het feit dat ik geslaagd was, maar de manier waarop verbaasde me. De volgende dag heb ik het buidelzakje met de steen als talisman met weemoed teruggegeven. Mijn leraar zei:'Omdat je zelf de kracht nog niet hebt, heeft de steen je geholpen, maar de mystieke leer heeft eigen wetten. Je hebt de mystiek gebruikt. Het is goed om te kijken op welke dag je je meditatietraining kunt doen om mentaal sterker te worden. Je krijgt een steen van mij die je zelf moet vullen. Begin op je geboorte-elementdag en doe de vijfdaagse levenscirkelmeditatie. In de regel hebben stenen al kracht in zich. Met behulp van meditatie kun je deze steen vullen, waardoor de kracht vele malen groter wordt.'
Mijn eerste steen die ik zelf vulde, was een rozenkwarts.

2. Het vullen van edelstenen

Alle stenen hebben kracht en stralen energie uit. Met behulp van natuurlijke energie-

bronnen en meditatie is de kracht van een energiesteen te versterken. Dit heet in de mystiek 'het vullen' van energiestenen.
Hoe harder de steen is, des te moeilijker wordt het vullen. Maar als de 'harde' steen gevuld is, werkt ze krachtiger dan een 'zachte' gevulde steen.

De hardheid van stenen

In 1812 stelde de Duitse mineraloog Friedrich Mohs een grof, maar handzaam systeem op aan de hand waarvan de mineralen nog steeds naar hardheid worden geclassificeerd. Op een schaal van 1 tot 10 stelde hij, beginnend bij de zachtste mineralen, de hardheid van talk op 1, gips op 2, calciet op 3, fluoriet op 4, apatiet op 5, orthoklaas (veldspaat) op 6, kwarts op 7, topaas op 8, korund (waar robijn en saffier toe behoren) op 9 en diamant op 10.
Tot de hardheidsgraad 2 kun je met je nagel in het mineraal krassen (mineralen met een hardheid van ongeveer 1 voelen vettig aan), tot hardheid 3 kun je er met een koperen muntstuk in krassen, tot 5 met een mes en tot 7 met een vijl. Mineralen met een hardheid van meer dan 6 geven krassen op glas.
Gips kan talk krassen, maar niet omgekeerd. Smaragd, dat op de schaal van Mohs niet voorkomt, kan kwarts krassen, maar kan zelf door topaas worden gekrast; de hardheid ligt rond de 7,5.
De hardheid van kwarts (7) is van bijzonder belang. Kwarts komt overal voor, als zandkorreltjes, bestanddeel van het meeste wegenbouwmateriaal, als ingrediënt van zoetstof voor koffie en als stofdeeltjes in de lucht. Overal waar edelstenen door de mens als sieraad worden gedragen, komen ze onvermijdelijk in contact met kwartsdeeltjes als ze een hardheid van minder dan 7 hebben, zullen ze dan ook op den duur vervormen en gaan slijten.

De hardheidsschaal van Mohs

1 = talk	6 = veldspaat
2 = gips	7 = kwarts
3 = calciet	8 = topaas
4 = fluoriet	9 = robijn
5 = apatiet	10 = diamant

3. Het edelstenenritueel

Het vullen van een steen gebeurt volgens een bepaald ritueel. Een ritueel is een van oudsher beproefde methode om je wens uit het Zero Point Field te tappen. Je bent dan op de juiste frequentie afgestemd. Dit kan de frequentie voor helderziendheid, materialisatie of (zelf)genezing zijn. De mystici van vroeger kenden geen kwantumtheorie, maar werkten met magische riten. Je moet je realiseren dat er wetenschappers zijn die vanuit de kwantumtheorie paranormale verschijnselen kunnen verklaren. Het is niet zo dat die wetenschappers ook paranormale gaven of vermogens bezitten. Hier ligt het verschil tussen magie en wetenschap. Als de kwantumfysici met behulp van een theorie ook kunnen materialiseren, dan is het geen magie, maar wetenschap. Magie maakt gebruik van rituelen, dat is de magische weg naar het Veld toe.

In verschillende boeken over edelstenen lees je dat de maansteen de droomsteen bij uitstek is. Voor helder denken werkt een bergkristal. Een amethist of turkoois verscherpt je intuïtie. Stenen hebben kracht van zichzelf, maar volgens mijn ervaring werkt het genuanceerder. Een edelsteen moet op de eerste plaats bij je passen. Vaak krijg je bij de eerste indruk van de steen de juiste informatie binnen. Als een edelsteen gevoelsmatig bij je past, kun je starten met het 'vullen'. Op de eerste plaats moet je zelf gevuld zijn om uit het Zero Point Field te kunnen tappen. Het gaat niet om een 'gevulde' steen, maar om een 'gevuld' persoon.
In Indonesië noemt een goeroe een persoon leeg als hij zich alleen bezighoudt met, wat ik noem, de normale driehoekactiviteiten. Hij is gevuld als hij kan werken vanuit de paranormale wereld.
Volgens de mystieke leer 'Ilmu Kebatinan' zoek je de steen uit die bij je past. Dit gebeurt aan de hand van je geboorte-elementdag.

4. Je geboorte-elementdag

Stapsgewijs zoek je jouw geboorte-elementdag. Van daaruit kom je tot jouw meditatiedag met de daarbijbehorende edelsteen.

Het bepalen van je geboorte-elementdag

Volgens vele mystieke leren duurt het 35 dagen voor het verkrijgen van een speciaal vermogen of om het zelfgenezingsproces in gang te zetten. Een week heeft zeven dagen en er zijn vijf elementen (hout - vuur - aarde - metaal - water). Combineer je de weekdagen met de elementdagen, dan kom je aan een cyclus van 35 dagen. Het vullen van een steen kan het beste beginnen op je elementdag.

Tabel: De vijfendertig elementdagencyclus

1.	MAANDAG	-	HOUT	9
2.	DINSDAG	-	VUUR	12
3.	WOENSDAG	-	METAAL	14
4.	DONDERDAG	-	WATER	12
5.	VRIJDAG	-	AARDE	14
6.	ZATERDAG	-	HOUT	14
7.	ZONDAG	-	VUUR	14
8.	MAANDAG	-	METAAL	11
9.	DINSDAG	-	WATER	7
10.	WOENSDAG	-	AARDE	15
11.	DONDERDAG	-	HOUT	13
12.	VRIJDAG	-	VUUR	15
13.	ZATERDAG	-	METAAL	16
14.	ZONDAG	-	WATER	9
15.	MAANDAG	-	AARDE	12
16.	DINSDAG	-	HOUT	8
17.	WOENSDAG	-	VUUR	16
18.	DONDERDAG	-	METAAL	15
19.	VRIJDAG	-	WATER	10
20.	ZATERDAG	-	AARDE	17
21.	ZONDAG	-	HOUT	10
22.	MAANDAG	-	VUUR	13
23.	DINSDAG	-	METAAL	10
24.	WOENSDAG	-	WATER	11
25.	DONDERDAG	-	AARDE	16
26.	VRIJDAG	-	HOUT	11
27.	ZATERDAG	-	VUUR	18
28.	ZONDAG	-	METAAL	12
29.	MAANDAG	-	WATER	8
30.	DINSDAG	-	AARDE	11
31.	WOENSDAG	-	HOUT	12
32.	DONDERDAG	-	VUUR	17
33.	VRIJDAG	-	METAAL	13
34.	ZATERDAG	-	WATER	13
35.	ZONDAG	-	AARDE	13

Opzoektabel: Vijfendertigdaagse elementencyclus																	
Jaren						Maanden											
1901-2021						1	2	3	4	5	6	7	8	9	10	11	12
						Jan	Feb	Mrt	Apr	Mei	Jun	Jul	Aug	Sep	Okt	Nov	Dec
01	21	41	61	81	2001	0	1	4	0	0	1	1	2	3	3	4	4
02	22	42	62	82	2002	0	1	4	0	0	1	1	2	3	3	4	4
03	23	43	63	83	2003	0	1	4	0	0	1	1	2	3	3	4	4
04	24	44	64	84	2004	0	1	0	1	1	2	2	3	4	4	0	0
05	25	45	65	85	2005	1	2	0	1	1	2	2	3	4	4	0	0
06	26	46	66	86	2006	1	2	0	1	1	2	2	3	4	4	0	0
07	27	47	67	87	2007	1	2	0	1	1	2	2	3	4	4	0	0
08	28	48	68	88	2008	1	2	1	2	2	3	3	4	0	0	1	1
09	29	49	69	89	2009	2	3	1	2	2	3	3	4	0	0	1	1
10	30	50	70	90	2010	2	3	1	2	2	3	3	4	0	0	1	1
11	31	51	71	91	2011	2	3	1	2	2	3	3	4	0	0	1	1
1	32	52	72	92	2012	2	3	2	3	3	4	4	0	1	1	2	2
13	33	53	73	93	2013	3	4	2	3	3	4	4	0	1	1	2	2
14	34	54	74	94	2014	3	4	2	3	3	4	4	0	1	1	2	2
15	35	55	75	95	2015	3	4	2	3	3	4	4	0	1	1	2	2
16	36	56	76	96	2016	3	4	3	4	4	0	0	1	2	2	3	3
17	37	57	77	97	2017	4	0	3	4	4	0	0	1	2	2	3	3
18	38	58	78	98	2018	4	0	3	4	4	0	0	1	2	2	3	3
19	39	59	79	99	2019	4	0	3	4	4	0	0	1	2	2	3	3
20	40	60	80	100	2020	4	0	4	0	0	1	1	2	3	3	4	4

Stap 1

Zoek in de linkerkolom onder het kopje jaren, jouw geboortejaar. Stel dat je op 7 maart in 1987 geboren bent. Ga dan in een rechte lijn naar je geboortemaand. Je ziet daar een cijfer. In dit geval is dat cijfer 0. Tel daarbij op het aantal dagen van je geboortedag. Je krijgt 0 + 7 = 7 en kijk dan in de onderstaande opzoektabel. Je ziet dat 7 onder het element metaal valt.

Opzoektabel elementdagen								
Vuur	=	1	6	11	16	21	26	31
Metaal	=	2	7	12	17	22	27	32
Water	=	3	8	13	18	23	28	33
Aarde	=	4	9	14	19	24	29	34
Hout	=	5	10	15	20	25	30	35

Stap 2
Op welke dag van de week ben je geboren?
Voor degenen die het niet weten, op internet kun je de eeuwige jaarkalender raadplegen. Je weet nu waar je in de 35-daagse cyclus staat. Dit is je persoonlijke meditatiedag of je geboorte-elementdag.

Stap 3
Elke weekdag en elementdag heeft een bepaald getal (zie hieronder). Tel deze bij elkaar op en je komt tot een getal tussen de 7 en 18

Hout	=	5	MAANDAG	=	4
Vuur	=	9	DINSDAG	=	3
Metaal	=	7	WOENSDAG	=	7
Water	=	4	DONDERDAG	=	8
Aarde	=	8	VRIJDAG	=	6
			ZATERDAG	=	9
			ZONDAG	=	5

Dit getal staat ook in de laatste kolom van de tabel van de vijfendertig elementdagencyclus.

Stap 4
Zoek in de onderstaande tabel welke meditatiesteen bij jouw getal hoort.
Er zijn twee mogelijkheden. Zoek er één uit die jou gevoelsmatig het meeste aantrekt.
De steen hoeft niet duur te zijn of er mooi uit te zien

Getal-stenentabel

Getal 7 = bergkristal  of rozenkwarts 

Getal 8 = maansteen  of citrien 

Getal 9 = carneool  of toermalijn 

Getal 10 = jaspis  of topaas 

Getal 11 = aquamarijn  of saffier 

Getal 12 = opaal  of malachiet 

Getal 13 = zonnesteen  of heliotroop 

Getal 14 = tijgeroog  of lapis lazuli 

Getal 15 = jade  of aventurijn 

Getal 16 = amethist  of magnetiet 

Getal 17 = hematiet  of peridoot 

Getal 18 = robijn  of turkoois 

Als je een Indonesische goeroe vertelt dat hij een mooie steen draagt, zal hij waarschijnlijk zeggen: 'O, die is er voor de sier!' Dit is des te komischer als je je bedenkt dat de steen meestal veel te groot is en er helemaal niet mooi uitziet. Deze stenen zijn vaak verkregen na een bepaalde meditatietraining. De goeroe is spiritueel gezien een stap verder. Na zo'n meditatie krijgt hij 'toevallig' een ring of een losse steen van een persoon. Deze steen vult hij met de kunde die hij tijdens zijn meditatietraining heeft verkregen. Hij kan de steen in een ring zetten, als hanger gebruiken of gewoon los in een buidelzakje bij zich dragen.
Je kunt je voorstellen dat zo'n steen voor de drager een grote emotionele en spirituele waarde heeft. De waarde van edelstenen kan van emotionele of energetische aard zijn. De geldwaarde heeft alleen te maken met de zeldzaamheid en is voor meditatiedoeleinden niet belangrijk. De bovengenoemde getal-stenen zijn voor een bedrag onder de € 10,00 te koop. Als je een sterrobijn wil, ben je wat meer kwijt. Begin eerst met een eenvoudige, goedkope steen. Vraag vrienden, kennissen of familie voor jou de steen van je keuze te kopen. Een meditatiesteen mag immers nooit zelf gekocht worden.

5. Meditatietechnieken met edelstenen

De Chinezen kenden tweeduizend jaar geleden al de geheime krachten van de adem-

haling. Zij noemden de ademhalingstechnieken 'Qigong'. Ook wel 'Chi Kung' genoemd wat letterlijk 'de oefening van Chi', de levensenergie, betekent. De Veldtheorie gaat ervan uit dat de ruimte in het hele universum gevuld is met een grote hoeveelheid energie of Chi. Wij hebben via onze ademhaling een directe verbinding met de Chikracht vanuit het Veld. De ademhaling vormt naar buiten toe de brug tussen het Veld en onszelf. En naar binnen toe de brug tussen lichaam en geest.
De volgende oefening is bedoeld om de hectiek van alledag het hoofd te bieden. Met deze bewuste ademhalingsoefening kun je op ieder gewenst moment je stiltepunt vinden.
Concentreer je enkele momenten van de dag op je ademhaling. Deze momenten kunnen zijn: in de pauzes; tijdens het wachten op bus, trein of in de rij voor de kassa; als je in de file staat of als je je niet lekker voelt. Ontspan je zo veel als mogelijk en denk bij iedere ademhaling dat de lucht die je inademt een grote kracht bezit. Een kracht die eerst je buik vult en daarna met de uitademing jouw hele lichaam met rust vult. Doe dit tien maal per dag; 20 - 30 seconden per keer. Als je dit drie weken onafgebroken volhoudt, merk je het effect van het trainen aan en voor jezelf.
Het werkt goed om tijdens de ademhalingsoefening een steen in je hand te houden; een steen waarbij je het gevoel hebt dat het een rustgevende steen is. Ikzelf gebruikte voor deze meditatie een jaspis. Hieronder volgen nog verschillende meditatietechnieken.
Welkom in de wonderlijke wereld van de edelstenenmeditatie!

Yin-ademhalingmeditatie

Houd je steen in je linkerhand. Adem naar je buik toe en visualiseer dat er bij elke ademhaling een energiestroom van je hand naar je buik gaat.
Je onderste Dantian, vier dwarsvingers onder de navel, wordt door de Chinezen gezien als het punt waar energie en leven ontstaat. Adem naar dit punt toe en laat de kracht van de edelsteen samengaan met jouw energie.
Je onderste Dantian is je psychisch en fysiek centrum en daardoor het punt om weer in balans te komen. Het is je stiltepunt en geeft levensenergie, vitaliteit, enthousiasme en uitstraling. In hoofdstuk vijf lees je bij 'Chinese geneeskunde in een notendop' meer over de Dantians.
Wanneer je inademt komt je buik omhoog en wanneer je uitademt zakt die weer. Je

uitademing wordt steeds langzamer en rustiger elke keer dat je uitademt. Denk aan iets leuks terwijl je de oefening doet.

Yang-ademhalingmeditatie

Houd je edelsteen in je rechterhand. Adem naar je bovenste Dantian, je derde oog, toe alsof je ruikt. Visualiseer dat bij elke ademhaling de energie van je edelsteen naar je derde oog gaat en jouw ademhaling met de energie van de steen samengaat.

Yin-Yang-ademhalingmeditatie

Houd je steen met beide handen vast dicht bij je hart op je zonnevlecht, je middelste Dantian.

Denk bij ieder inademing dat de energie van je buik en je derde oog samenkomt in je hart. Bij de uitademhaling visualiseer je dat de energie je aura en uitstraling versterkt.

Elementdagmeditatie

De techniek 'revue passeren' wordt 'mediteren' als je op je geboorte-elementdag start met jouw meditatiesteen in de hand. Kijk op pagina 48 hoe deze techniek precies werkt. Je geboorte-elementdag met je meditatiesteen kun je vinden op pagina 62. Voor alle duidelijkheid: in de cyclus van 35 dagen is 1 dag jouw element-geboortedag. Er zijn in de cyclus totaal 5 dagen, die bij jouw element horen. Bijvoorbeeld als je geboren bent op zondag - vuur. Dan behoor je tot het vuurelement. Begin te mediteren op een vuurelementdag. Dit kan elke dag in de week zijn. Er is in de 35 dagen cyclus maar één zondag - vuurdag. Dat noemen we je geboorte-elementdag.

Elke avond mediteer je met je getalsteen in je hand; 's nachts leg je hem in een klein glas met water. 's Ochtends drink je het water uit de glas en berg je de meditatiesteen op voor de volgende avond. Om de kracht van je meditatiesteen letterlijk in je op te nemen, gebruiken de goeroes edelsteenwater. In hoofdstuk V, Gezond met edelstenen, komt dit uitgebreid aan de orde.
Bij volle maan zet je de meditatiesteen buiten op een schoteltje, zodat de steen gevuld kan worden met maanenergie. De volgende avond leg je de steen onder je hoofdkussen en je vraagt om een verhelderende droom. Voordat je de volgende ochtend uit bed stapt, ga je eerst na of je iets hebt gedroomd. Blijf nog even rustig liggen, want dit is het moment dat je openstaat voor andere informatie uit het Zero Point Field. Je eigen ideeën en overtuigingen zijn nog niet zo sterk, dus nu kun je creatief zijn. Blijf ontspannen liggen en denk rustig over een onderwerp na dat voor jou belangrijk is. Je zult zien dat je op ideeën komt, waar je overdag niet zo snel zou opkomen.

Vrije meditatie in het dagelijks leven

Er zijn verschillende meditatievormen. Je kunt alleen op je zolderkamer mediteren met een edelsteen, kaars, wierook en rustige muziek. Je kunt ook liggend mediteren met je ogen dicht en oordoppen in. Op beide manieren probeer je de rust in jezelf te vinden. Sommigen kunnen zich in geen van beide bovengenoemde meditatievormen vinden. Ze zijn vaak praktisch van aard en hebben geen voeling met meditatie. Mediteren doe je om jezelf, de ander en de wereld te begrijpen. Je probeert greep te

krijgen op de werkelijkheid, zodat het dagelijks leven je gemakkelijker af gaat. Geluk, gezondheid, verbondenheid en wijsheid zijn attributen die het dagelijks leven opfleuren. Mediteren kan ook overdag.
Loop in een drukke winkelstraat en vind de rust in jezelf.
Op ieder moment van de dag kun je komen tot zelfontplooiing. Koop vijf verschillende edelstenen in de kleuren van de vijf elementen. Dit zijn: groen, rood, geel, wit en zwart/blauw. Deze stenen mag je wel voor jezelf kopen, omdat het hier om een vrije meditatie gaat. Kies als je 's morgens opstaat een steen uit. Dit kun je bewust doen, maar je kunt ook willekeurig een steen pakken. Kijk in de 'Vijf elementen-levenscirkel', ook wel 'de Bocam levenscirkel' genoemd, welk element je hebt en ga daarmee aan de gang. Voer de opdrachten uit en volg de suggesties in de loop van de dag. Benut de momenten dat je pauze hebt, of liever gezegd neemt. Het wachten op bus en trein of de files vormen van nu af aan geen problemen meer. Deze problemen zijn gepromoveerd tot groeikansen. Nu kun je bewust aan jezelf werken met behulp van het gekozen element. Omdat het hier om een denkinstelling gaat, kun je je op vrijwel ieder moment van de dag in je element voelen.

Voorbeeld van de vrije meditatie
Stel je hebt de groene steen voor de dag uitgekozen. Dat houdt het volgende in:
1. Ik draag vandaag een groene steen
2. Ik richt me vandaag op wat ik kan
3. Ik ontdek mezelf (mijn mogelijkheden in plaats van beperkingen)
4. Ik ben spontaan en me bewust van mijn lichaam (lichamelijkheid)
5. Ik beweeg wat extra door middel van lichaamsoefeningen
6. In een stressvolle situatie ben ik moedig en levenslustig

6. De vulmeditatie: het vullen van stenen

Deze vulmeditatie duurt vijf dagen en start op je element-geboortedag.
Je stopt jouw wens in de vorm van positieve gedachten en gevoelens in de steen. Je begint op jouw elementdag en gaat de vijfdaagse cyclus af, zodat je elk element hebt gehad.

Houtelement: mediteer naar het oosten gericht

'Vijf elementen-levenscirkel'

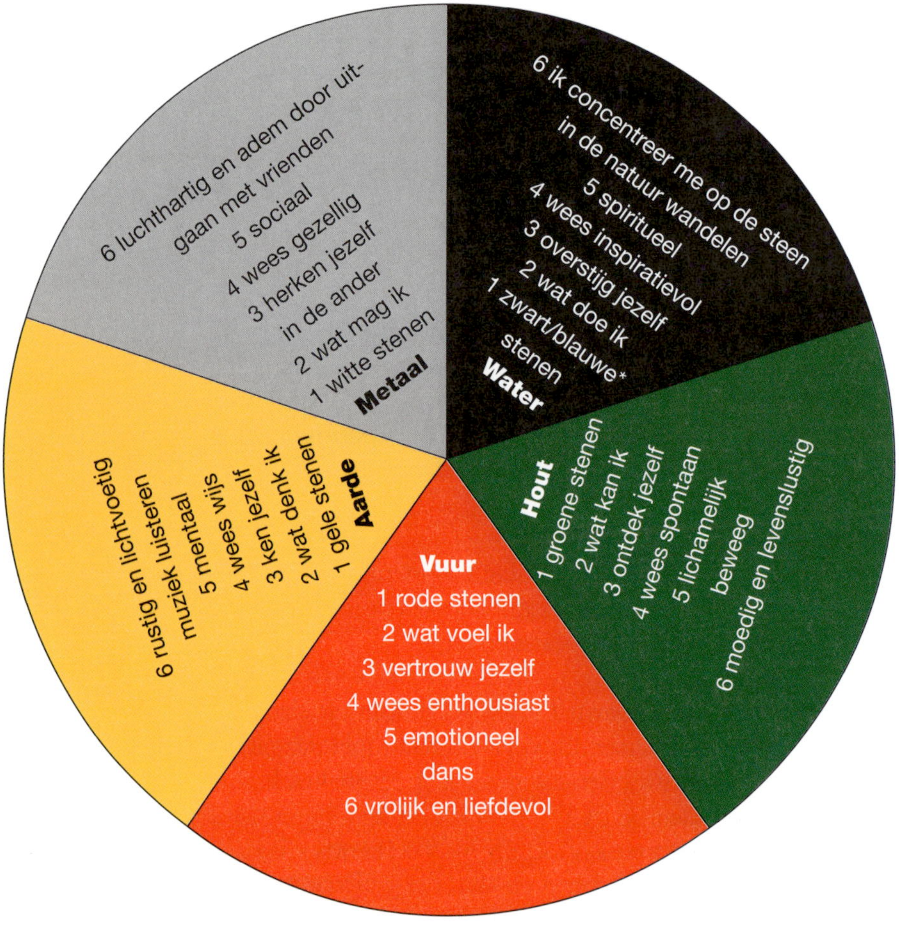

* Bij het waterelement kun je zowel zwarte als blauwe stenen dragen

Leg je steen op een schotel met daarop drie verschillende bloemen. Je kunt ook de steen besprenkelen met rozenolie. Denk dat met de energie van de rozenolie jouw wens in de steen komt. Als je inademt formuleer je de wens en bij de uitademing visualiseer je de wens als een energiestroom naar je steen toe.

Vuurelement: mediteer naar het zuiden gericht
Pak de steen en houd je hand met de steen erin boven de vlam van een kaars. Voed de steen met het licht van de kaars en blijf aan je wens denken. Als je inademt, formuleer je de wens en met de uitademing visualiseer je de wens als een energiestroom naar je steen toe.

Aarde-element: mediteer in het midden van de ruimte
Begraaf je steen 's avond in de aarde. Dat kun je ook in een bloempot met aarde doen. Spreek je wens in gedachten uit en denk dat de aarde jouw steen vult met jouw wens. Als je inademt formuleer je de wens en bij de uitademing visualiseer je de wens als een energiestroom naar je steen toe.

Metaalelement: mediteer naar het westen gericht
Terwijl je de steen bewierookt, denk je in termen van energie. De wierook voedt jouw steen met jouw wens. Als je inademt formuleer je de wens en bij de uitademing visualiseer je de wens als een energiestroom naar je steen toe.

Waterelement: mediteer naar het noorden gericht
Besprenkel je steen met water. En voed de steen met deze waterenergie. Leg de steen in een klein kopje met water en stop met je gedachtekracht jouw wens erin.
Als je inademt formuleer je de wens en bij de uitademing visualiseer je de wens als een energiestroom naar je steen toe. Drink 's ochtends voor het ontbijt het kopje met edelsteenwater.

Gecombineerd met de vijf elementen: hout, vuur, aarde, metaal en water

Hout	=	het oosten	in de bloemen (of met rozenolie besprenkelen)
Vuur	=	het zuiden	rondom vuur (en boven de theelichtjes)

Aarde	=	het centrum	in de aarde: een avond begraven
Metaal	=	het westen	met wierook: een paar minuten bewieroken
Water	=	het noorden	met water: edelsteenwater 's morgens drinken

7. De kleurrijke edelstenen

Ook kun je de steen in een handgemaakt zakje van zijde op de huid dragen. Probeer de kleur van de zijde overeen te laten komen met de kleur van de steen.
Draag het zijden zakje op je onderste Dantian, onder je navel of op de middelste Dantian, onder het borstbeen. Kijk aan de hand van de onderstaande kleurensymboliek welke steen je denkt te gebruiken. Een aantal mensen zal zich aangetrokken voelen tot de hieronder genoemde edelsteen-kleurentherapie. Bij de keuze van een steen is niet alleen de kleur maar ook de vorm van belang. De vorm van de steen en de kleur moeten voor jouw gevoel samen één geheel vormen.

Rode stenen

Rood is de kleur van de actie. Het is de kleur die het sterkst iets in beweging kan zetten. Maar, je wordt ook rood van kwaadheid; rood is de kleur van de woede, de liefde, overwinning, macht, levensenergie, warmte, scheppende kracht, seksualiteit, dynamiek, vuur, energie, attentie, activiteit en zelfvertrouwen.

Oranje stenen

Oranje is de kleur die te maken heeft met gezelligheid en met creativiteit.
Het is ook de kleur die helpt bij heftige reacties en trauma's, toewijding, spiritualiteit, transformatie, kosmische krachten, jeugd, levenslust, creativiteit, waarschuwing, licht, rijkdom, warmte, evenwicht, passie en extraversie.

Gele stenen

Geel is de kleur van de zon, en heeft te maken met 'het zien zitten', met vrolijkheid.
Maar geel is ook de kleur van de angst. Geel zegt iets over behoefte hebben aan kennis, willen weten, aanpassingsvermogen, activiteit, nieuwe ervaringen, ondoorgrondelijkheid, vriendelijkheid, geluk in liefde, zomer, communicatie, reizen, genezend en warmte.

Groene stenen

De kleur groen heeft te maken met de bossen en het gras. Het geeft de ruimte en het geeft ook de begrenzing aan. Maar je bent ook groen van jaloezie, het is de kleur van de afgunst, van evenwicht, harmonie, lente, geboorte, rust, vertrouwen, hoop, lang leven, kalmerend, verfrissend, rustgevend, vitaliserend, opgewektheid, sentiment, terughoudendheid en fatsoen.

Blauwe stenen

Blauw is de hemel. De kleur van de oneindigheid, de kleur van de vrede.
Maar ook de kleur van niet buiten je beschermende wereldje komen. De kleur van geneeskracht, mededogen, betrokkenheid, oneindigheid, traditie, verkoeling, water, uitgestrektheid, diepte, dromen, fantasie, ratio, helderheid, trouw, vrede, vriendschap en rust.

Paarse stenen

Deze kleur heeft iets te maken met koninklijkheid, waardigheid.
Maar het is ook de kleur bij diepe rouw en hoort bij dienstbaarheid. De kleur van esoterie, mystiek, devotie, religie, de dood, zwaarmoedigheid, melancholie, onweer, zonsondergang, naderend onheil, boetedoening, verdriet, deemoed, zelfverloochening en artisticiteit.

Zwarte stenen

De kleur van de nacht, geesten, bijgeloof, stilte, bezinning, bescherming, transformatie, rouw, geheimzinnigheid, kritisch, risico, avontuur, gewelddadigheid, spiritualiteit, wijsheid, religie en autoriteit.

Witte stenen

De kleur van volmaaktheid, licht, goddelijkheid, verering, onschuld, zuiverheid, kuisheid, bescherming, deugdzaamheid, onheil afwerend, wederopstanding, geboorte, koelte, afstandelijkheid, volmaaktheid, het goede, reinheid, genezing, de maan en de zomer.

8. Edelstenen onderhouden

Edelstenen leven en dienen daarom onderhouden te worden. Zoals planten beter groeien als je ertegen praat, zo houden stenen ervan om gedragen te worden. Draag

ze regelmatig en je bouwt er een band mee op. Wanneer die band er is, zul je de steen niet meer verliezen. Het verzorgen van een meditatiesteen moet niet verward worden met steenaanbidding. Er zijn mensen die houden van kinderen, huisdieren of planten. In dit rijtje van liefde voor de natuur past de verbondenheid met edelstenen en mineralen.
Reinig een nieuwe steen minimaal een minuut onder koud stromend water.
Doe dit ook bij volle maan en leg je steen in het maanlicht.
Bij nieuwe maan: de steen reinigen met water.
Bij volle maan: de steen vullen met maanlicht.

Je kunt op een avond één van de onderstaande meditaties doen. Leg de steen daarna onder je hoofdkussen en vraag om een verhelderende droom.

Op een houtelementdag
Leg de steen op een schaaltje met bloemen of smeer je edelsteen in met rozenolie. Denk erbij dat je de steen voedt met de energie van de bloemen.

Op een vuurelementdag
Houd je steen boven kaarslicht. Denk erbij dat je de steen voedt met licht.

Op een aarde-elementdag
Leg je steen in een pot met aarde of, indien mogelijk, begraaf de steen voor een nacht in de tuin. Denk erbij dat de steen de aardse krachten in zich opneemt.
Plaats de steen de volgende avond onder je hoofdkussen.

Op een metaalelementdag
Houd je steen in de wierook. Denk erbij dat de edelsteen zich voedt met de rook.

Op een waterelementdag
Besprenkel de steen met water. Denk erbij dat de edelsteen zich voedt met water.

Echte meditatiestenen doe je af als je naar het toilet gaat.

Wanneer je meerdere stenen hebt voel dan 's ochtends welke steen die dag het beste bij je past. Maar vergeet niet dat je pas kunt voelen welke steen het beste past als je je goed voelt.

HOOFDSTUK V

GEZOND MET EDELSTENEN

1. GEZONDHEIDSTIPS: WWW.DEMAGIEVANEDELSTENEN.NL

Als je thuis of op het werk grote natuurstenen hebt staan, dan vullen deze de omgeving met positieve energieën. De negatieve straling van je computerbeeldscherm wordt geneutraliseerd door een groot bergkristal. Een grote amethist, bergkristal of rozenkwarts maken van je huis of kantoor een thuis.

Amethist

Bergkristal

Er zijn veel verhalen van mensen die persoonlijk de kracht van de edelstenen hebben ervaren.
Een Duitse zakenman vertelde mij dat hij tijdens het autorijden achter het stuur in slaap viel. Bijtijds schrok hij wakker, remde en kwam met de schrik vrij. De amethist die hij droeg was wel gebarsten.
Een man die jarenlang zwaar leed aan astma, ging over tot een gezondere leefwijze.

Hij beoefende yoga en droeg tegelijkertijd een aquamarijn. Zijn astma verdween volkomen, maar de steen kreeg zwarte stippen, alsof hij de kwaal opnam.
In sommige gevallen duurt de verbeterde gezondheid zolang als de steen gedragen wordt.
Opvallend is het gedrag van edelstenen bij pijnbestrijding. Je kunt de steen op de huid met een pleister op de pijnlijke plek bevestigen. De steen zuigt zich vast op de huid en trekt de kwade energieën eruit. Vervolgens verkleurt de steen, wordt warm en laat na een tijdje weer los. De pijn is vaak verlicht of zelfs weg. Draag een steen nooit op open wonden!
Sommige mensen voelen de werking binnen een uur, terwijl anderen er nooit iets bij voelen. Vaak wordt vanuit het linkerdriehoek-denken het placebo-effect genoemd als verklaring voor de werking van edelstenen. Daarmee wordt het positieve effect van edelstenen gebagatelliseerd. Wellicht is de wetenschap nog niet zo ver om het placebo-effect te verklaren. Het doet me denken aan de Japanse arts Masaru Emoto, die de patiënten alleen water voorschreef met een etiket erop. De patiënten genazen en zijn praktijk werd drukker. De allereerste verklaring was, hoe kan het ook anders: het placebo-effect. Wanneer de wetenschap geen verklaring heeft voor het succes van alternatieve geneeswijzen, haalt ze het placebo-effect uit de kast.
Als je ook een (wonderbaarlijke) ervaring met edelstenen hebt gehad, zou ik het fijn vinden als je deze wilt delen op de website www.demagievanedelstenen.nl Het doel van de website is om naast ervaringen ook tips over edelstenen te ontvangen. Op deze manier proberen we een (edel)steentje bij te dragen aan het terugbrengen van de gezondheid en de magie in de wereld.

2. Edelsteenwatertherapie

In de indrukwekkende film over de kwantumfysica *What the bleep do we know* maakt de hoofdrolspeelster kennis met de kracht van water. De Japanse arts Masaru Emoto bewijst in de film dat water een boodschap kan bevatten. Hij toont aan dat je, als je gedachtekracht in water stopt, een meetbaar verschil krijgt. Zelfs een etiket met de woorden 'Thank You' op een fles water is voldoende om een coherent waterkristal te krijgen. De onderstaande foto toont zo'n bevroren waterkristal waar het etiket en de gedachte van 'Thank You' in zit.

Thank You

In de onderstaande afbeelding zie je een incoherente structuur van een bevroren waterkristal bij het woord 'haat'.

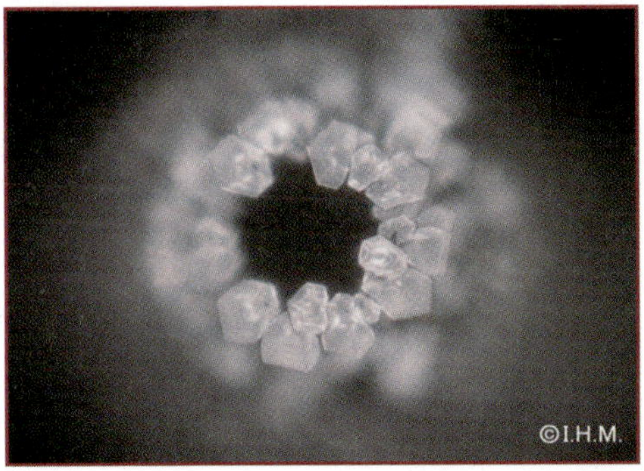

Haat

Met het volgende verhaal dat de theorie van de heer Emoto en het Zero Point Field bevestigt, introduceer ik hier de edelsteenwatertherapie. Met het verbreiden van de kwantumtheorie kan deze geneeswijze wereldwijd bekend worden. Hoe meer mensen intunen op de kracht van gevitaliseerd edelsteenwater, des te sterker zal de werking ervan zijn. Alhoewel het theoretisch nog niet verklaard kan worden, levert de praktijk goede resultaten op. In het volgende verhaal vertel ik een ervaring van mijn partner met edelsteenwater.

Een glas edelsteenwater

Tijgeroog in een glas water van boven af bekeken

Robijnwater voor Jack Jersey

In de jaren zeventig was de Roosendaalse zanger Jack de Nijs beter bekend onder de naam Jack Jersey, een van de succesvolste producers van Nederland. Naast de hits die hij de Nederlandse sterren André Mos, Frank en Mirella, Donna Lynton en Nick Mackenzie bezorgde, ging het Jack als zanger ook voor de wind. Hij scoorde verschillende top 40-hits, met onder andere *Papa was a poor man*, *In the Still of the Night* en *Sri Lanka*. Een van de hoogtepunten in zijn carrière werd het aanbod om met the Jordanaires, de begeleidingsband van Elvis Presley, een album in de Nashville-studio's in Amerika op te nemen. Dit helemaal georganiseerd door niemand minder dan de vroegere manager van Elvis, Tom Parker himself. Tom wilde nog wel even een live-tape van Jack zien, maar dat kon geregeld worden. In de Roosendaalse schouwburg de Kring zou de live-tape opgenomen worden voor een stampvolle zaal met allemaal trotse Roosendalers. Jack gaat Amerika veroveren! Vol spanning wachtte de zaal op Jack en zijn begeleidingsorkest. Het wachten duurde wel een halfuur, maar geen Jack. Ook na een uur nog geen optreden. Ruud, die jarenlang naast de familie De Nijs woonde, voelde dat er iets niet klopte. Hij stond op en liep richting de kleedkamer. Hij kwam Ellie, de vrouw van Jack, tegen en ze vertelde hem dat Jack zijn stem kwijt was. De dienstdoende huisarts was wel gekomen, maar durfde geen kalmeringsspuit te geven. Het zou misschien het optreden negatief beïnvloeden. Ruud haalde een glas water, legde zijn sterrobijn erin en zei tegen Jack dat hij het water moest opdrinken. Jack, die net als Ruud van Indische komaf was, geloofde erin en binnen vijf minuten stond hij op het podium. Zijn optreden was zo goed dat hij samen met the Jordanaires zijn elpee *I Wonder* in Amerika mocht opnemen. Helaas is Jack veel te jong gestorven, maar hij heeft een schat aan mooie liedjes achtergelaten. Nog steeds kan ik van zijn liedjes genieten.

3. Edelstenen als medicijn

Tot in de zeventiende eeuw werden er door beroemde artsen recepten voorgeschreven die waren samengesteld uit edelstenen. Vooral de tot poeder gemalen parels, saffier en malachiet waren zeer gewild. Hier volgt een voorbeeld van een medicijn dat in 1667 bij een geval van depressie werd voorgeschreven. Het medicijn werd Opiata antimelancholica genoemd en bevatte naast opium geprepareerde smaragd, parels en bloedkoraal. Je zou dit de voorloper kunnen noemen van onze hedendaagse prozac. De edelstenenpoeders werden niet alleen inwendig maar ook uitwendig gebruikt. De geneeskrachtige zalf werd aangebracht op het te genezen lichaamsdeel en werd lichtjes gemasseerd.

De mensen geloofden heilig dat het werkte. Intelligente mensen die het hoogst ontwikkeld waren, beschouwden dit als een vaststaand feit. De geleerde mannen en vrouwen uit de middeleeuwen discussieerden niet over het waaróm maar over de manier waaróp men de edelstenen het beste kon toepassen. Het christendom en het dualistisch denken hebben ons een ander geloof en denken gebracht. Een denken waardoor weliswaar de technologie kon opbloeien, maar waar geen plaats is voor de geneeskundige of magische krachten van edelstenen.

Mede door het cartesiaans denken zijn we in deze bewustzijnsbeperkende Yang-maatschappij terechtgekomen.

Maar ondanks dat, is bij een opvallend grote groep mensen het geloof in edelstenen altijd blijven bestaan. In alle tijden en overal op de wereld zijn er mensen die de werking van edelstenen voelen en ervaren.
Edelstenen worden al sinds duizenden jaren in vrijwel alle culturen gebruikt. Ze worden in verband gebracht met het tegengaan van ziekten en het bevorderen van de gezondheid. De oorsprong van de hedendaagse edelsteentherapie ligt bij de oude natuurvolkeren. Nog steeds werken we met hun kennis. Hier volgt een lijst van gezondheidsstenen die de Bocam-opleiding hanteert:

BOCAM-edelstenenlijst

AMETHIST
licht- tot donkerpaars
Tegen hoofdpijn en migraine
Tegen bloedarmoede, infecties
Bij pijnlijke menstruatie
Goed voor maag en ogen
Helpt verdriet en heimwee te verminderen
Voor geestelijke en lichamelijke reiniging
Om spiritueel inzicht te krijgen
Helpt bij loslaten van haat- en angstgevoelens

BERGKRISTAL
kleurloos
Tegen depressies
Bij hartklachten
Werkt vitaliserend
Bij rugklachten
Tegen duizeligheid en hoofdpijn
Bij buikkrampen en menstruatieklachten
Zuivert de ruimte en het lichaam
Bij blaasontsteking

CALCIET
kleurloos-wit-rood-blauw-geel-groen
Tegen maagzuur
Helpt liefdevol te handelen
Geeft zelfacceptatie
Lichtpunt in een ziekenkamer
Bij overgevoeligheid
Helpt energie van het hoofd naar het hart te brengen
Normaliseert hartritme

CITRIEN
geel-bruin
Bij examenvrees en faalangst
Geeft concentratie
Geeft zonnig gemoed
Tegen depressies
Bij suikerziekte
Bevordert de bloedcirculatie
Bij lichaamsgeuren
Tegen zwaarmoedigheid, geeft vitaliteit

FLUORIET
kleurloos-geel-groen-blauw-paars
Goede steen bij studie
Vergroot concentratievermogen
Bij pijn in de nek en schouders
Bij pijn in de ellebogen
Goed voor de tanden
Tegen spataders
Brengt innerlijke rust

GRANAAT
rood
Tegen overspannenheid
Bij hartritmestoornissen
Bestrijd ontstekingen
Bij bloedarmoede
Versterkt het hart
Verdrijft futloosheid en vermoeidheid
Bevordert helderziendheid
Geeft doorzettingsvermogen

HEMATIET
metaalgrijs (bloedsteen)
Bij bloedarmoede
Bij krampen in de benen
Bij hersenvliesontsteking
Tegen ischias
Bij virusinfecties
Voor goede bloedcirculatie

JADE
wit-geel-groen-rood-bruin-grijsblauw-oranje
Goed voor de nieren
Goed voor de spijsvertering
Bij maagzuur
Bij bedplassen
Beschermt tegen ongeluk
Laatste zwangerschapsmaanden
Versterkt de maag
Bij knieaandoeningen

KATOOG
donkerbruin met zwart
Voor kracht en energie
Bij psychische of fysieke problemen
Bij astma en hyperventilatie
Werkt kalmerend
Helpt eigen fouten in te zien
Geeft inzicht in problemen

LABRADORIET
wit-geel-grijs-groen-bruin-zwart
Herstelt de aura
Bij botontkalking
Bij groeistoornissen
Tegen opvliegers
Bij overspannenheid
Amulet tegen negativiteit
Geeft een realistische kijk op het leven

LAPIS LAZULI
blauw met zilverkleurige spikkels
Vriendschapssteen
Bij slapeloosheid

Bij overspannenheid
Geeft naastenliefde
Bij examenvrees en angst
Bij epilepsie
Helpt bij depressies
Geeft mensenkennis

MAANSTEEN
kleurloos-grijs-geel-groen-oranje-zwart
Voor helderheid van de geest
Behoud voor waterzucht
Beschermt reizigers
Voor een goed gevoelsleven
Geeft ondernemingslust
Geeft emotioneel evenwicht

MAGNETIET
metaal grijs
Bevordert de zwangerschap
Bij rugklachten
Werkt koortsverlagend
Bij ischias en nekpijn
Tegen ontstekingen
Werkt ontkrampend
Bij spit of een tennisarm
Bij pijnlijke menstruatie

ROOKKWARTS
lichtbruin donkerbruin zwart
Voert negatieve energieën af
Geeft kracht om wensen en dromen waar te maken
Verbind je met de aarde
Beschermt tegen ondoordacht handelen
Versterkt verantwoordelijkheidsgevoel
Helpt bij stoppen met roken
Tegen zelfmoordneigingen

SNEEUWVLOK OBSIDIAAN
zwart met witte vlekken
Tegen oogziekten, bij grijze staar
Bij tranende ogen
Versterkt inzicht
Helpt oude pijnen te verwerken
Bij traumatische ervaringen
Vermindert pijn en spanningen
Helpt blokkades op te ruimen
Werkt ontspannend bij onrust

TIJGEROOG
geel-bruin met strepen
Stimuleert de kracht in jezelf
Goed voor het zenuwstelsel
Brengt kalmte als men zenuwachtig wordt door stress
Materiële problemen
Bij astma en hyperventilatie
Geeft inzicht
Beschermt op spiritueel gebied
Tegen negatieve invloeden

ROZENKWARTS
rose
Geeft fantasie

Tegen heimwee
Schenkt creativiteit
Bevordert geestelijke groei
Geeft zelfrespect, tegen jaloezie
Geneest diarree
Vermindert buikkrampen bij baby's
Bedaart opvliegerige mensen

TOERMALIJN

rood-rose-groen-blauw; kleurloos-zwart
Tegen agressie
Bevordert groeikracht
Geeft fantasie
Tegen heimwee
Schenkt creativiteit
Bevordert geestelijke groei
Geeft zelfrespect, tegen jaloezie
Geneest diarree
Vermindert buikkrampen bij baby's
Bedaart opvliegerige mensen

TURKOOIS

blauw-groen met zwarte adertjes
Beschermt tegen ongeluk
Voor harmonie in het huwelijk
Helpt niet-verwerkte emoties op te lossen
Bij ziekte van Pfeiffer
Bij reuma en gewrichtsontstekingen
Goed voor de prostaat
Bevordert goede relaties
Schenkt welzijn

Gezondheidsstenen vanuit het volksgeloof

Astma - katoog
Aangezichtspijnen - magnetiet
Allergie - aquamarijn
Artritis - malachiet
Blaasontsteking - nefriet
Bevalling (vlotte) - smaragd
Bloedarmoede - hematiet
Bloeddruk (te hoog) - sodaliet
Cara - barnsteen
Concentratieproblemen - bergkristal
Darmklachten - heliotroop
Doofheid - barnsteen
Duizeligheid - toermalijn
Eczeem - aventurijn
Geheugenverlies - smaragd
Hart(kloppingen) - granaat
Hernia - magnetiet
Hoofdpijn - turkoois
Hooikoorts - aquamarijn
Hyperventilatie - toermalijnkwarts
Jicht - akabar
Keel(klachten) - jaspis
Koorts - agaat
Melancholie - chalcedon
Menstruatieklachten - malachiet
Migraine - amethist

Nerveuze spanningen - toermalijnkwarts
Nieren - bergkristal
Oogklachten - smaragd
Psoriasis - aventurijn
Reuma - carneool
Verkoudheid -aquamarijn
Slapeloosheid - amethist
Tennisarm - magnetiet

4. De chemische samenstelling

In de afgelopen vijftig jaar heeft men dankzij de technologische ontwikkeling meer kennis vergaard over de samenstelling van edelstenen en mineralen. Net zoals een westers medicijn kunnen we de werkzame bestanddelen van een steen bekijken en zien waarvoor hij helpt. Hier volgt een lijst bekeken vanuit de westerse hoek: de chemische samenstelling.

Aluminium - kleurreactie: blauwachtig metaalkleurig. Versterkt, is goed tegen vermoeidheid en duizeligheid. **Toermalijn**, **turkoois**, **maansteen** en **saffier** bevatten aluminium.

IJzer - kleurreactie: rood of ijzerkleurig. Een versterkende stof, voor meer moed en doorzettingsvermogen; goed om bloedingen te stelpen. Productie van enzymen die de stofwisseling bevorderen. **Hematiet**, **magnetiet** en **rode jaspis** bevatten ijzer.

Kalk - kleurreactie: wit, dicht. Geeft weerstand en verstevigt de botten, goed tegen overmatige, opgekropte emoties. **Albast**, **aragoniet**, **calsiet** en **marmer** bevatten kalk.

Kiezelzuur - kleurreactie: wit, helder, doorschijnend of dicht. Kiezelzuur (silicea) is het belangrijkste bestanddeel van bijna alle edelstenen. Het is een stof die zelfvertrouwen geeft, reinigt en de zenuwen sterkt. **Bergkristal** bestaat helemaal uit kiezelzuur.

Koper - kleurreactie: groen, blauwgroen, koperkleur. Verhoging van de eigen attractiviteit en de innerlijke harmonie. Drijft urinezuren af, waardoor gewrichten weer soepeler kunnen worden, vooral bij reumatische aandoeningen geschikt. Aanmaak rode bloedlichaampjes. **Turkoois**, **malachiet**, **azuriet**, **pyriet** en **lapis lazuli** bevatten koper.

Magnesium - kleurreactie: ivoorkleurig, licht. Magnesium is vooral een ontkrampende stof, die goed werkt bij problemen met de spijsvertering en de vochthuishouding. **Magnesiet** bestaat helemaal uit magnesium, maar is ook aanwezig in **olivijn** en **serpentijn**.

Mangaan - kleurreactie: roze tot paars, soms zwartachtig bij dendrieten of mosgaten. Mangaan is verwant aan ijzer, is goed voor zwakke mensen en wordt gebruikt om overdreven reflexen te kalmeren. Houdt de cellen jong en zorgt voor kraakbeenvorming. **Rhodochrosiet** bestaat helemaal uit **mangaan**, **rhodoniet**, **amethist**, **rozenkwarts** en **mosgaat** bevatten mangaan.

Zink - kleurreactie: grijzig. Ontkrampend, goed bij duizelingen. Versterkt het immuunsysteem, wondgenezing en gezondheid van huid en haar. **Zinkblende** bestaat helemaal uit zink.

Fluor - tegen concentratieproblemen en vermoeidheid. Voor de opbouw van sterke botten, banden en bindweefsel. Fluor vindt men in **topaas**.

Nikkel in **serpentijn**.

Kali in **smaragd**.

Overige stoffen die kunnen voorkomen: arsenicum, borium, chroom, natrium, titaan en zwavel.

Kwik in **cinnaber**. Cinnaber wordt in China gezien als het levenselixer. Veel keizers en alchemisten namen veel cinnaber voor inwendig gebruik om onsterfelijk te worden. Door kwikvergiftiging moesten velen dat met de dood bekopen. Dantian, dat letterlijk 'het Veld van Cinnaber' betekent, vormt een energiecentrum, ook wel 'chakra' genoemd. We onderscheiden drie Dantians waar je je tijdens de meditatie op kunt concentreren:

1. De onderste Dantian is er voor de aardse krachten en bevindt zich vier dwarsvingers onder de navel.
2. De middelste Dantian bestuurt onze menselijke krachten en bevindt zich nabij de zonnevlecht.
3. De bovenste Dantian is de zetel van de hemelse krachten en bevindt zich tussen de wenkbrauwen.

Ja... en nu?

Ik stel me zo voor dat bij het lezen van de lijsten van gezondheidsstenen en de chemische samenstelling de volgende vragen opkomen:
Is het dragen van een turkoois voldoende om van mijn hoofdpijnen af te komen? Of: moet ik mijn huisarts buitenspel zetten en mijn prozac inruilen voor een glas bergkristalwater? Ik hoor je al denken: leuk, die chemische samenstelling van edelstenen, maar kan ik niet beter een potje met voedingssupplementen kopen? Daar zit tegenwoordig van alles in!
En trouwens, hoe kunnen wij, opgegroeid in een Westerse, technologische cultuur met een christelijke achtergrond, geloven in edelstenen?
Al deze vragen komen uit de bewustzijnsbeperkende driehoek. Niemand staat boven gezondheid. Arm of rijk, mooi of lelijk, dom of slim; gezondheid is een zaak van ons allen.
In deze Yang-maatschappij waar geld, macht en status hoog in het vaandel staan, ontbreekt het Yin-aspect. De Yin-kant, waaronder vallen: geluk, gevoel, intuïtie en de wil om gezond te blijven, komt op de tweede plaats. De meeste mensen zeggen wel dat gezondheid en geluk voor hen belangrijk zijn. Als je even doorvraagt, bemerk je dat ze er nauwelijks bewust mee bezig zijn. Dit is inherent aan een kapitalistische, prestatiegerichte samenleving waar we in de overtreffende trap leven: alles moet beter, meer en sneller. We zien steeds meer slachtoffers van de verharde, uit balans geraakte samenleving. Een samenleving waar de verhouding tussen arm en rijk, man en vrouw zoek is. Dagelijks worden we in de kranten en op televisie geconfronteerd met steeds extremere vormen van een ernstig verstoorde samenleving. In deze bewustzijnsbeperkende maatschappij verkeren we overdag het meest in bewustzijnsdimensie 4. Het is juist deze 'slaap-waak'-dimensie die ons ziek maakt. In bewustzijnsdimensie 4 leven

we nauwelijks bewust. Ons gevoel, wil en denken zijn niet coherent en staan op een laag pitje. Het lijkt ondenkbaar om met behulp van edelsteentherapie mens en maatschappij te helen. Ondanks al deze pessimistische geluiden zie ik mogelijkheden. Ik nodig je uit een kijkje te nemen in de wereld van overmatige spanning om te zien dat stress meer kapotmaakt dan je lief is.
Omdat gezondheid een zaak is die ons allen aangaat, gebruik ik hier de 'wij'-vorm in plaats van de 'jij'-vorm. Ga er eens goed voor zitten, ontspan je en blijf vooral doorademen.

5. Van emotionele gebeurtenis tot...

In bewustzijnsdimensie 4 treedt als het ware de automatische piloot in werking. Hier kabbelt het leven voort. Totdat we op ons pad een stressbron, een emotionele gebeurtenis, tegenkomen. Dan worden we wakker geschud. Zo'n stressbron verschilt van persoon tot persoon. De één raakt in een stress als hij/zij in de file staat, de ander ervaart afwassen als een grote stressbron. Hoe het ook zij, lichaam en geest proberen altijd een evenwicht te creëren. Ze proberen zich aan de situatie aan te passen. Wordt de stress echter te groot, dan neemt het instinct de controle over. We schieten op dit animaal niveau in één van de drie instincten: vecht-, vlucht- of verstarinstinct. Op dit moment zijn we de controle over onszelf kwijt. Hier schieten we in een stress en de noodsituatie, code rood, is afgekondigd. Dit betekent dat we ons zowel lichamelijk als geestelijk klaarmaken voor een grote prestatie. De innerlijke en uiterlijke spanning wordt groter en groter. In deze situatie, maar ook bij de alledaagse stressbronnen, is het toverwoord **aanpassing**.
Kunnen we ons aanpassen aan de situatie, dan verdwijnt de stress als sneeuw voor de zon. Er is in dit geval sprake van positieve stress, ook wel 'eustress' genoemd. De aanpassing is effectief verlopen en we zijn een stap verder. Het wordt echter een probleem wanneer de aanpassing mislukt. Er is dan sprake van een 'faalaanpassing'. De stress slaat zich op in het lichaam in de vorm van overmatige spierspanning, die zich ophoopt in nek, schouders en rug. Deze stressresten verdwijnen niet vanzelf. Zelfs een goede nachtrust verlost ons niet van deze negatieve stress. In de loop der jaren zorgen de stressresten ervoor dat we onze lichamelijkheid verliezen. We vervreemden van ons lichaam en kunnen daarom niet meer luisteren naar de signalen die ons lichaam

afgeeft. Pijn wordt niet meer als een alarmsignaal gezien, daar zijn immers pijnstillers voor.
Na verloop van tijd gaat de stress over in een strain. Een strain is een chronische stress die zich op drie verschillende niveaus uit:
Op **fysiologisch** gebied: een verkeerde ademhaling of verhoogde bloeddruk.
Op **psychologisch** gebied: negatieve emoties en een negatief zelfbeeld.
En op **gedragsmatig** gebied: eet-, lees-, televisie-, gok-, drink- en medicijnverslaving.

Iedere verslaving is het resultaat van een natuurlijk gedrag om te overleven.
In deze fase is de verslaving de enige uitlaatklep die ons nog op de been houdt. Maar de bevrediging komt steeds later. We raken steeds verder van onze natuurlijke basis verwijderd. Als baby konden we perfect ademhalen, hadden we een prima stoelgang en geen slaapproblemen. We bezaten zelfs het vermogen om te lachen. Ja, zelfs te giechelen. Wat vroeger zo normaal leek, lijkt nu zo ver weg.
De strain is het tussenstation naar een serieuze, psychosomatische klacht. De klacht die in de geest is ontstaan, uit zich lichamelijk. Iedere psychosomatische klacht is een roep om hulp, een schreeuw van: 'Help, ik kan me niet meer aanpassen. Ik ben mijn natuurlijke basis kwijt!' We zijn dusdanig van ons natuurlijke pad afgeraakt, dat het zelfgenezingsproces niet meer goed functioneert. Dit is het moment dat je de huisarts raadpleegt.
Zeventig procent van de consulten schijnen van psychosomatische aard te zijn. De huisarts die medicijnen heeft gestudeerd, schrijft pillen voor. De acupuncturist geeft in plaats van een pilletje een prikje. De homeopaat houdt het bij een drankje. In deze fase zie ik het dragen van een edelsteen of het drinken van edelsteenwater niet als dé oplossing. Dit noem ik allemaal brandweerhulp. De patiënt moet zelf structurele gedragsveranderingen aanbrengen. Met een nieuwe lifestyle moet hij/zij leren zich aan te passen aan het leven.

Een edelsteenwater-cocktail

De vraag is niet of je de huisarts, acupuncturist of homeopaat moet bezoeken.
De vraag is hoe deze impasse te doorbreken? Jarenlang is

er 'keihard gewerkt' om tot dit resultaat te komen. De overtuigingen en ideeën zijn als karrensporen diep in onze hersenen ingesleten. We moeten zelf een nieuwe weg banen, een weg waar het zelfgenezingsproces in gang wordt gezet. Ik heb in dit boek bewust verschillende ingangen gekozen, de zogenaamde uitstapjes. Niet het doel, maar de weg ernaartoe is belangrijk. De Chinezen noemen de weg 'Tao'. Het bewandelen van 'de weg van bewustzijn' noemen ze 'Yidao'.
Deze weg is voor iedereen anders, het is de bedoeling dat jij net als vele anderen kunt zeggen of zingen: *I did it My Way*.

De sterrobijn van Lionel Richie

Na iedere stenenbeurs of Pasar Malam, oosterse jaarmarkt, kom ik met een heleboel stenen thuis. Niet zozeer om ze zelf te bezitten, maar zoals ik dat noem voor 'de weggeef'. Als er na een ontmoeting met een kennis een bepaalde steen in me opkomt, krijgt hij of zij deze. Soms krijg ik in een droom door welke steen ik aan een persoon moet geven. De status van de persoon speelt geen rol. Wat telt, is de band die je met de persoon hebt. Je zit dan als het ware in hetzelfde energieveld. Ken je ook dat gevoel van samenhang of coherentie? Het klikt meteen en je voelt dat je op dezelfde golflengte zit. Als voorbeeld komt nu het verhaal van Lionel Richie. Ik nodigde hem uit voor mijn Lifestyle Management-project op de universiteit.

In de loop der jaren heb ik Lionel Richie in Nederland en Amerika verschillende keren ontmoet. Zowel backstage in het Gelredome in Arnhem als op een exclusief feest in Los Angeles. Natuurlijk heb je als fan een bepaalde band met de artiest, anders kun je niet van zijn muziek genieten.

Het is alweer heel wat jaren geleden dat Lionel last had van zijn stem. Stemproblemen zijn voor een zanger één van de grootste nachtmerries. Ik droomde dat hij een steen nodig had en gaf hem een sterrobijn. Door zijn stemproblemen was Lionel in een andere bewustzijnsfase terechtgekomen. Hij kreeg, zoals wel vaker gebeurt, belangstel-

---

Noot: In mijn vorig boek *De Weg van Schoonheid - Meidao* komt het stressverhaal uitvoerig aan de orde

ling voor de alternatieve geneeswijzen. Sindsdien hebben we contact gehouden. Ik geef al jaren cursussen lifestyle management op de Erasmus Universiteit in Rotterdam. In 2004 nodigde ik Lionel uit om ook een lezing over lifestyle management te geven. Ik voelde me zeer vereerd dat hij belangeloos aan mijn project deelnam. Zonder elkaar van tevoren gesproken te hebben, spraken we over dezelfde onderwerpen vanuit dezelfde invalshoek. We spraken over stress, geld en status en het leek alsof we de middag samen hadden voorbereid.

Dit verhaal laat zien hoe belangrijk het is om in hetzelfde energieveld te zitten wanneer je samenwerkt. Vooral in mijn beroep als therapeut is het noodzakelijk om met je cliënt op dezelfde golflengte te zitten. Alleen dan werkt een therapie. Als een persoon tegen mij zegt: 'Je moet er eerst in geloven,' dan heeft hij volkomen gelijk. Hij behoort niet alleen in de therapeut en de therapie te geloven, maar ook in zichzelf. Dit lijkt misschien moeilijk, maar het is een kwestie van een knop of in dit geval een kwestie van energieverandering.

6. Welkom in de wonderlijke wereld van energie!

Van de huidige Yang-maatschappij mag je weinig gezondheid verwachten. De psychosomatische klacht is juist kenmerkend voor de uit evenwicht geraakte samenleving. De technologische ontwikkeling heeft geen grote bijdrage kunnen leveren aan onze gezondheid. Het tegendeel is bewezen: er zijn meer zieken en ziektes dan ooit. De lering die je hieruit kunt trekken is kort en bondig. Wil je gezond worden of blijven, dan moet je daar zelf energie in steken. Wil je op eigen kracht gezondheid nastreven, dan behoor je je horizonten uit te breiden. Je moet klaar zijn om de wereld van de bewustzijnsverruimende Yin-zijde binnen te wandelen.
Wandelen? Of is het meer klimmen?

Het lijkt voor sommigen op een hele klim, maar achteraf valt het reuze mee. De moeilijkheid zit in het loslaten van overtuigingen. Probeer met een frisse kijk het goede van de volgende ideeën over het Zero Point Field te halen. Maar voordat ik verder ga, vraag ik je: *'Are you ready for a change?'*

Zero Point Field of het Veld

In de laatste decennia vallen onverklaarbare wetenschappelijke onderzoeksresultaten als puzzelstukjes op hun plaats. Hersenonderzoekers, kwantumfysici, medici, biologen en andere wetenschappers uit verschillende delen van de wereld komen tot dezelfde conclusie. Achter alle materie, tijd en ruimte gaat een fenomeen schuil dat met ontzag ' Het Veld' of het 'Zero Point Field' wordt genoemd.

Het is een enorm reservoir van energie dat al het materiële en immateriële met elkaar bindt. Tevens is het een opslagplaats van alle informatie uit het heden, verleden en toekomst. Helderzienden en alternatieve genezers maken al lang bewust of onbewust gebruik van het Veld.

Verschillende wetenschappers hebben onafhankelijk van elkaar bewezen dat het geheugen en het bewustzijn zich niet in de hersenen kunnen bevinden. De hersenen werken 'slechts' als een radio-ontvanger. Als je je iets wilt herinneren dan stem je af op de frequentie vanuit het Veld.

Deze Veldtheorie verklaart ook dat de zaterdag-kruiswoordpuzzel op maandag sneller wordt opgelost. Naarmate meerdere mensen het antwoord weten, is het makkelijker om het antwoord uit het Veld te halen.

Hoe meer mensen kunnen skateboarden des te gemakkelijker wordt het voor de nieuwelingen. Bekend is het verhaal van apen die je op een rots iets nieuws leert. Tegelijkertijd kunnen apen op een andere rots hetzelfde. Hoe meer mensen bewust met het Veld bezig zijn, des te makkelijker tappen we bewustzijn en gezondheid uit het Veld. Dit komt door het gezamenlijk vibreren op een bepaalde frequentie vanuit het Veld. Op den duur creëren we een samenhang, die we coherentie noemen.

Als 7% van de mensen in een stad mediteert, dan vermindert de criminaliteit in die stad. In de geruchtmakende film *What the Bleep do we Know* wordt het onderzoek in Washington aangehaald als onomstotelijk bewijs van coherentie. Wat de wetenschap nu probeert te onthullen, is voor mystici en de Chinese geneeskunde al duizenden jaren een bekend gegeven. Alles is energie en alles is één! Hier volgt een korte kennismaking met de Chinese energetische geneeskunde of energiegeneeskunde.

7. Chinese geneeskunde in een notendop

Rond 1650 werd in het Westen ons bloedvatenstelsel in kaart gebracht. Honderd jaar later ontdekte men het lymfevatenstelsel. Aan het eind van de twintigste eeuw ontdekten geleerden in zowel Parijs als Beijing dat we nog een vatenstelsel bezitten. Een meridianenstelsel waar doorheen een zeer fijnstoffelijke energie, de zogenaamde Qi (spreek uit: tjie), stroomt.

Je kunt dit stelsel voorstellen als een hol buizensysteem met openingen erin, de zogenaamde acupunctuurpunten.

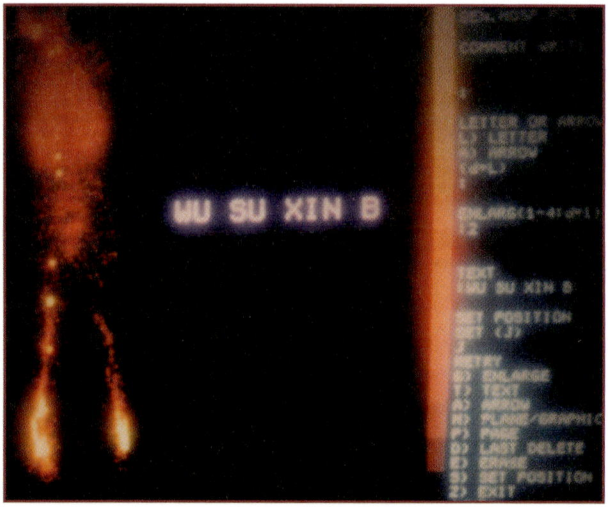

De energie (Qi) stromend door een meridiaan.
De openingen, de lichtpuntjes, in de meridiaan zijn de acupunctuurpunten.

Men injecteerde in zo'n acupunctuurpunt Natrium Technecium. Deze contrastvloeistof liep in dezelfde meridiaanbanen, die de Chinezen al duizenden jaren eerder in kaart hadden gebracht.

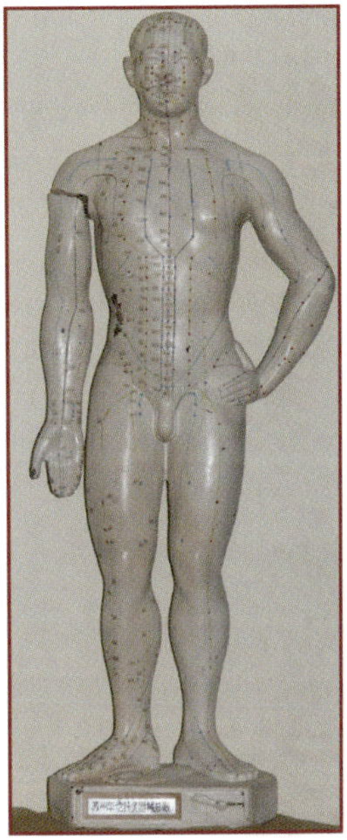

In totaal zijn er twaalf hoofdmeridianen. Ze lopen allemaal in elkaar over en vormen één grote kringloop waar de Qi of levensenergie doorheen stroomt. We onderscheiden zes Yin-meridianen die van onder naar boven stromen. De zes Yang-meridianen stromen van boven naar beneden.

De Traditionele Chinese Geneeskunde (TCG) is een energetische geneeskunde die denkt in termen van energie. 'Alles is energie,' verkondigden de Chinezen al duizenden jaren voor Einstein.

Ziekte is een balansverstoring in onze energiehuishouding en negatieve emoties zijn de diepste oorzaak van kwalen. Qi, de levensenergie, kan door negatieve emoties niet vrijuit stromen en veroorzaakt energieblokkades. In het verhaal over stress zijn stressbronnen vertaald als 'emotionele gebeurtenissen'. Als we ons niet kunnen aanpassen aan de emotionele gebeurtenis vervuilen we onze eigen energiehuishouding, en blokkeren we de Qi-doorstroming. De Qi-blokkades zijn de stressresten, die zich in het lichaam als spanning opslaan. Negatief denken of negatieve emoties zijn een vorm van innerlijke milieuverontreiniging. De slogan 'verbeter de wereld, begin bij jezelf', is hier zeker op zijn plaats.

De TCG berust op de volgende pijlers van de oude Chinese natuurfilosofie:

- Alles is energie
- En energie openbaart zich in Yin en Yang
- Op 3 niveaus: Hemel - Mens -Aarde
- Cyclisch in vijf fasen: Hout - Vuur - Aarde - Metaal - Water

Alles is energie

Alles is energie of zoals de Chinezen dat noemen: alles bestaat uit Qi.

Qi, de levensenergie, stroomt door het hele universum als een pulserend energieveld, het Veld, dat alles en iedereen met elkaar verbindt. Er vindt een voortdurende informatie-uitwisseling plaats. Qi zit in ons lichaam, gevoel, wil en denken, maar ook in dieren, planten en edelstenen.

Edelstenen hebben een eigen trillingsgetal en creëren een energieveld. Alles wat leeft, straalt een bepaalde energie uit. Net als wij (de mens) en eigenlijk alle materie op de hele planeet, bestaat het innerlijke van een steen uit Licht. Dat Licht trilt met een bepaalde snelheid en deze trillingen werken in op je lichaam. Die energiegolven of trillingen kun je onderverdelen in harmonische en disharmonische golven. Een edelsteen kan jouw energiegolvenpatroon veranderen.

Ze kan bijvoorbeeld de disharmonische golven omvormen en jouw trillingsgetal, jouw uitstraling, doen veranderen. Dit is de basis van de energiegeneeskunde.
Bij toeval ontmoette ik een oude kennis van mijn ouders, de natuurgeneeskundige Frans Wouts. Frans is in het bezit van een Biofield imaging system Aurastar 2000.

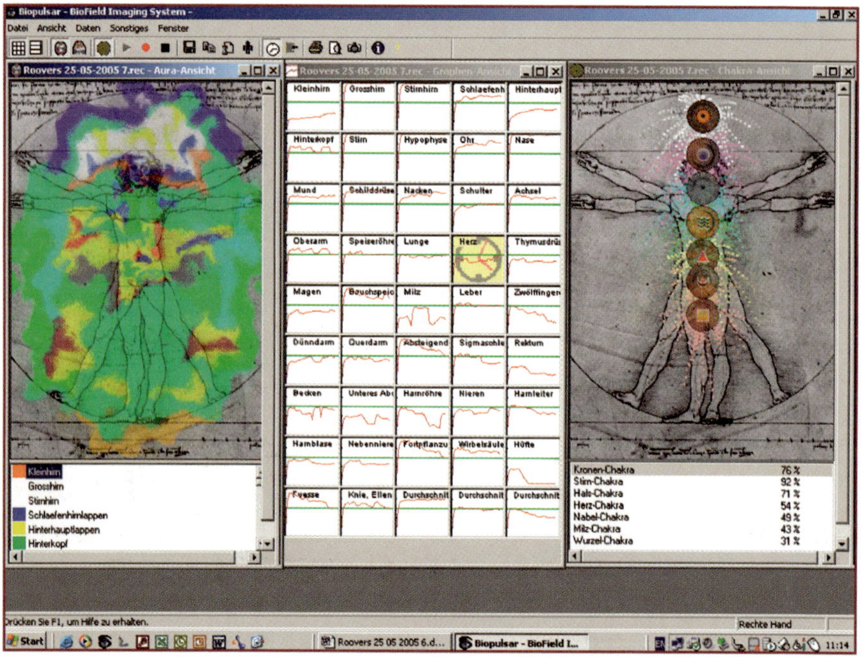

Eerste meting links de aura; in het midden de lichaamsfuncties; chakra werking

Toen ik bij hem kwam, moest ik mijn hand op een plaat leggen. In een mum van tijd had hij mijn energieveld in beeld met de golfpatronen van mijn verschillende lichaamsfuncties.

Hij legde een rozenkwarts op mijn hand en binnen luttele seconden veranderde mijn energieveld. Het was vreemd om de kleuren op zijn beeldscherm zo snel te zien veranderen. Niet alleen de aura om me heen, maar ook de golfpatronen van de lichaamsfuncties veranderden op het beeldscherm.

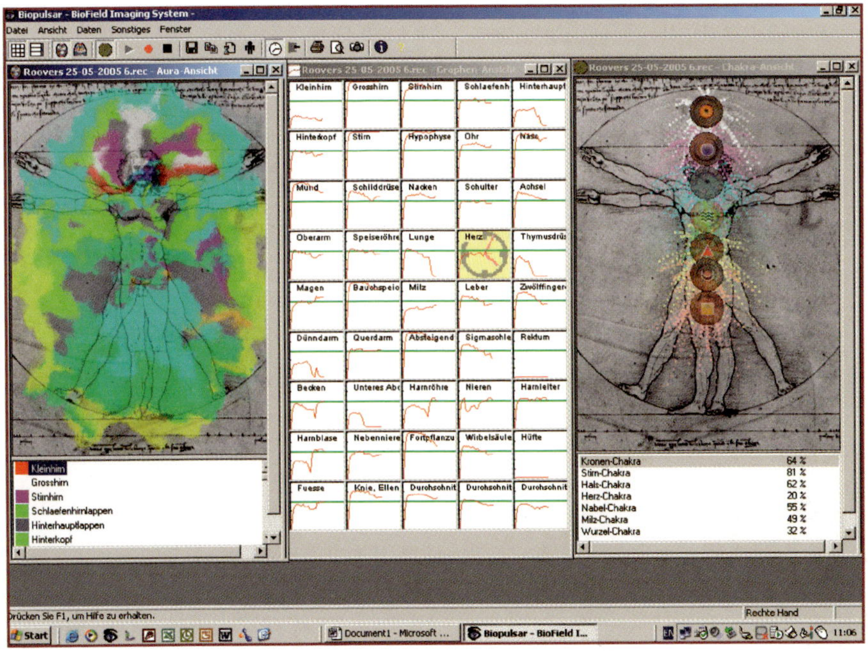

Tweede meting met een rozenkwarts op mijn hand

Nieuwsgierig kwam ik de eerstvolgende keer met mijn edelstenencosmetica bij Frans. En jawel, ook bij mijn edelstenencosmetica trad er een positieve verandering in het

energieveld op. Met het dragen van mijn cosmetica verandert dus letterlijk je uitstraling. Ik heb dit altijd al gedacht, maar nu wist ik het zeker. Het was een vreemde gewaarwording. Ik ervoer wat ik eigenlijk al wist. Iedere edelsteen creëert een ander energiepatroon en edelstenen bezitten, net als water, boodschappen.
Een edelsteen heeft niet altijd bij iedere mens dezelfde uitwerking. Een steen vibreert op een eigen golflengte en maakt contact met het energieveld van de persoon. Hij resoneert samen met de harmonische golven die een persoon uitstraalt. Doordat een edelsteen de harmonische golven versterkt, kan hij corrigerend werken. Hij kan energetisch gezien een kalmerende, een activerende of harmonische werking uitoefenen op de energiehuishouding.
Het is goed te weten dat de uitstraling mede bepaald wordt door wat je denkt en hoe jij je voelt.
Elke gedachte geeft een emotie die zich lichamelijk uit. Elke positieve emotie verbetert de Qi-doorstroming. Elke negatieve emotie verstoort deze Qi-doorstroming, wat spanning oplevert. Op den duur maken deze spanningen ons ziek. Bewustwording van je negatieve emoties is de eerste stap om ze te kunnen transformeren naar positieve emoties. Dit heet innerlijke alchemie.

☯ *Energie openbaart zich in Yin en Yang*

Zoals alle volkeren probeerden ook de Chinezen een ordening te zoeken in het universum. Bij het zoeken naar een wetmatigheid zagen de oude wijzen dat het leven een machtstrijd is tussen twee uitersten. Je bent gezond of ziek; het is dag of nacht. Men gaf aan deze twee schijnbare tegenstellingen de namen Yin en Yang. Iedere verandering of beweging komt door een samenspel van deze twee oerkrachten. Yin en Yang moeten niet als tegenstellingen beschouwd worden, maar als tegendelen die elkaar aanvullen. Door hun 'anders zijn' veroorzaken ze samen beweging en verandering. Je kunt dit vergelijken met de plus- en mindraden die samen elektriciteit veroorzaken.
In het Yin-Yang-symbool is duidelijk de beweging te zien van de twee tegendelen die samen een eenheid vormen.

Voor de volledigheid volgen hier nog enkele classificaties:

Yin-Yangsymbool

	Yin	**Yang**
Krachten:	meer Aards, het lichaam	meer Hemels, de geest
Tendens:	contractie	expansie
Gedrag:	ontspanning; introvert	inspanning; extravert
Biologisch:	plantaardig	dierlijk
Planeet:	maan	zon
Structuur:	ruimte	tijd
Katalysator:	water	vuur
Vibratie:	korte golf	lange golf
Denken:	intuïtief, mystiek/beeldend	analytisch/cijfermatig
Voeding:	water en voedsel	licht en lucht

De Chinese filosofie leert ons dat de mens een onderdeel vormt van een groter geheel. Het menselijk organisme is een verkleinde uitgave van de macrokosmos. En alle verschijnselen van de macrokosmos hebben hun parallel in het leven van de mens (microkosmos). Zoals de aarde zich ontwikkelt, zo ontwikkelt zich ook de mens. De mens bestaat net als de aarde voor ongeveer 70% uit water. De wisseling van dag en nacht kun je bij de mensen beschouwen als de waak- en slaaptoestand. Het in- en uitademen wordt weerspiegeld door eb en vloed in de macrokosmos. De menstruatiecyclus wordt gekoppeld aan de maancyclus.

Zo binnen - zo buiten

Wij bestaan niet alleen uit Qi, er is ook een constante energie-uitwisseling van binnen naar buiten en van buiten naar binnen toe. Als we positief denken, dan stralen we dat uit en voeden daar de ander mee. Als we positieve gedachten en gevoelens zenden

naar een edelsteen, water, plant, dier of mens dan voeden we ze met positieve vibraties. Er kan dan een coherentie ontstaan, een samengaan van harmonische energieën die een eigen, groter energieveld creëren.
De Chinese geneeskunde, maar ook de homeopathie, behoort tot energiegeneeskunde en is alleen te verklaren in termen van energie. Hieronder zie je een vingerafdruk genomen met de Kirlian-fotografie voor en na het innemen van een homeopathisch middel.

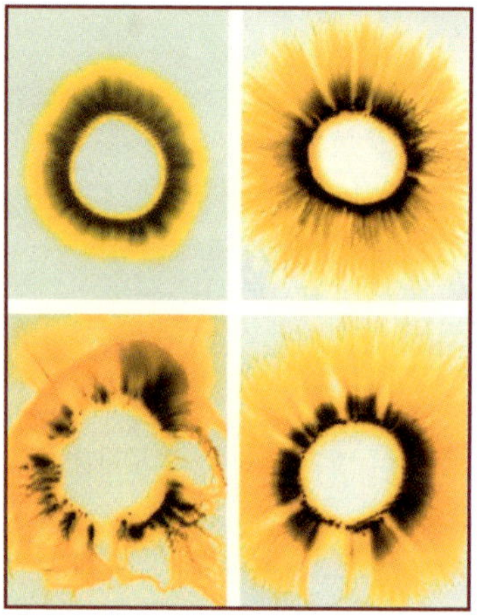

Vingerafdruk met Kirlian-fotografie

Vanuit de energiefilosofie is de edelsteenwatertherapie verklaarbaar. Je stopt een positieve gedachte in de edelsteen. Leg de steen in een glas water en plaats op het glas een etiket met een positief woord.

Je bent bezig met het creëren van een harmonisch energieveld. Drink je glas leeg met de positieve gedachte en gevoel erbij. Dit is in het kort de edelsteenwatertherapie.

☯ *Op 3 niveaus: Hemel - Mens - Aarde*

De oude Chinese filosofie is uiterst praktisch van aard. Het is een 'met-beide-benen-op-de-grond'-filosofie.

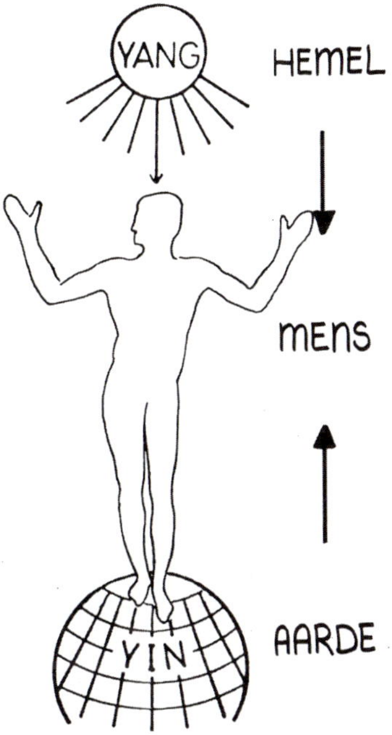

De tekening hiernaast laat zien dat wij een product zijn van hemel en aarde.

We krijgen Aardse Qi in de vorm van water en voedsel en Hemelse Qi in de vorm van licht en lucht.
De edelstenen vormen een uitzondering. Ze zijn ontstaan uit Hemelse Qi en liggen als energiebron in de aarde.
Met andere woorden: edelstenen in de aarde zijn energiebronnen die de goden ons geschonken hebben. Ze kunnen vergeleken worden met onze eigen natuurlijke energiebronnen. Als we de edelstenen opgraven zien ze er vaak niet mooi uit. We moeten ze eerst slijpen en polijsten, zodat ze kunnen glanzen en soms zelfs schitteren.
Wij mensen behoren ook onze drie natuurlijke bronnen te voeden en te verzorgen.
De eerste bron die ons energie geeft is de *seksualiteit*. Ze komt misschien nog eerst heel driftmatig en instinctief over, maar door haar te beheersen trainen we tegelijkertijd onze wil en zelfbeheersing. Als we de seksuele energie begrijpen, dan kunnen we ons instinctmatig gedrag overstijgen. Dat geeft ons lichaamsbewustwording. Het centrum van deze energiebron noemen we de onderste Dantian. Dat betekent het veld van het levenselixer. Het bevindt zich enkele centimeters onder de navel en geeft ons ook dat zogenaamde buikgevoel.

De tweede energiebron is die van de *liefde*. Het vermogen om lief te hebben geeft ons een levenskracht die verruimend werkt. De eerste stap naar liefde is eigenliefde. Wees daarom lief voor jezelf want zonder eigenliefde is er geen liefde. Wat je niet bezit kun je immers ook niet geven. De liefde geeft aan ons gevoel een extra dimensie. We voelen een band met onszelf en daardoor ook verbondenheid met de ander of iets anders.
Ieder mens heeft een talent. Dat kunnen onder andere schilderen, muziek, sport, spel, toneel, dicht- of tekenkunst zijn. Dit talent ontdek je en ontwikkel je vanuit je hart.

Hierdoor vergroot je ook je hartenergie. Het centrum ligt bij onze zonnevlecht, dicht bij het hart en noemen we de middelste Dantian.

De derde energiebron is de *spiritualiteit*, de wereld van de eenheid. Dit is de bron van het denken die ons vertelt dat er meer is tussen hemel en aarde. Als we deze energiebron in onszelf aanspreken, belanden we in een andere wereld van bewustzijn. Er gaat een andere denkwereld en daardoor ook een andere belevingswereld voor ons open. De wereld van Qi! Het centrum van deze energiebron ligt tussen de wenkbrauwen, het zogenaamde derde oog; dit noemen we de bovenste Dantian.

Malachiet

We kunnen op deze Dantians een edelsteen leggen, bijvoorbeeld een piramidevormige malachiet.
Probeer verschillende stenen uit. Pak een steentje en leg hem eerst op de onderste Dantian en voel je lichaam. Leg de steen dan op de middelste en later op de bovenste Dantian. Probeer het verschil te ervaren, dat is een grote stap naar energiebewustwording.

☯ *In vijf fasen: Hout - Vuur - Aarde - Metaal - Water*

De oude Chinese natuurfilosofie is zo praktisch van aard dat ze ook wel de boerenfilosofie wordt genoemd. Zoals de oude Grieken over de vier elementen spraken, zo kennen de Chinezen vijf elementen. Deze vijf elementen worden ook de vijf fasen genoemd.

In een cyclus van vijf fasen (wuxing): hout - vuur - aarde - metaal - water, komt metaal overeen met lucht. De boeren vonden in die tijd metaal belangrijker dan lucht. Met metaal konden ze hun akkers bewerken.
De Chinese filosofie denkt cyclisch: na de lente komt de zomer, de nazomer, herfst en winter. De winter maakt op haar beurt weer plaats voor de lente en de kringloop is rond. Er is een begin, maar geen einde. Dit cyclisch denken houdt in dat er voor ieder probleem een oplossing is, én dat energie nooit verloren gaat. Ze transformeert zich

van de ene energievorm naar de andere. De energie die door de meridianen stroomt wordt in vijf elementen of fasen onderverdeeld. Het zijn onze emoties die een grote invloed uitoefenen op de kwaliteit en doorstroming van deze energiehuishouding. Als we ons kwaad maken, dan verstoren we onze leverenergie die bij het element hout thuishoort. Omgekeerd werkt het ook: als onze leverenergie verstoord is, dan zijn we ook sneller geïrriteerd. Zijn we echter vol zelfvertrouwen, dan voeden we onze leverenergie.

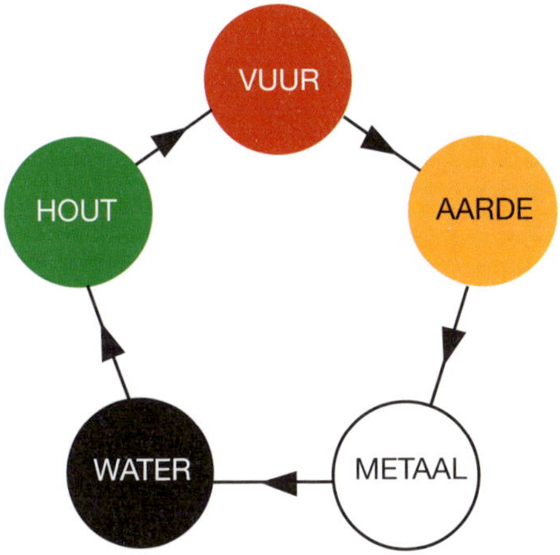

Vijf elementen

Als oefening kun je de 'vijf elementen-levenscirkelmeditatie' op pagina 72 doen. Of de kleine kringloopmeditatie hieronder.

Kleine kringloop

Zes Yin- en zes Yang-meridianen vormen gezamenlijk een grote kringloop. De Yin-meridianen, die je als rivieren kunt beschouwen, komen uit in één meridiaan: 'de Zee van Yin' of 'Jen mai'. De zes Yang-riviermeridianen komen uit in 'de Zee van Yang' of

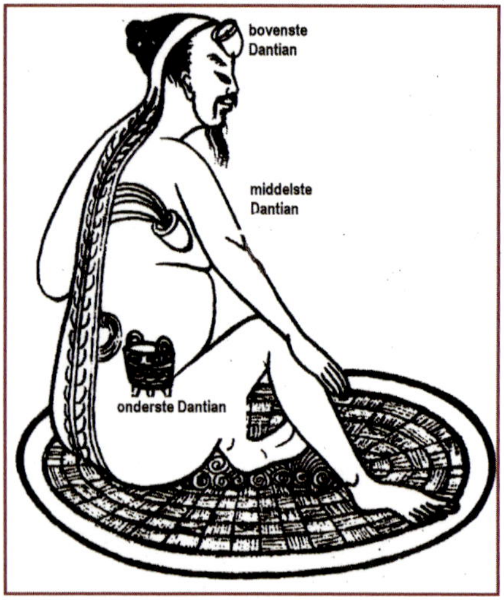

'Du mai' genaamd. Beide zeeën of meridianen bevinden zich op de mediaanlijn en vormen samen een kleine kringloop.

Juist voor meditatie is het goed om je op deze kleine kringloop te concentreren. Niet alleen omdat hij indirect op alle meridianen inwerkt, maar omdat zich hier de drie energiebronnen bevinden. Zoals de Indiase filosofie uitgaat van chakra's, zo kent de Chinese filosofie drie energetische centra of Dantians.

De onderste Dantian, gelegen vier dwarsvingers onder de navel, is de zetel van onze seksualiteit en zorgt voor de wils- en levenskracht.

De middelste Dantian, gelegen bij de solar plexus of zonnevlecht, is de zetel van onze gevoelsenergie.

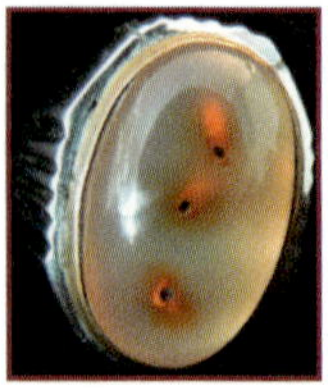

Dantian-meditatiering

De bovenste Dantian, gelegen tussen de wenkbrauwen, is de zetel van het denken. Een edelsteen op de kleine kringloop beïnvloedt ook indirect de grote kringloop. Draag een edelsteen als ketting ter hoogte van de zonnevlecht op de huid en voel het verschil in je gemoedstoestand. Probeer dit ook met andere edelstenen en ga na bij welke verandering je je het prettigst voelt.

8. Are You Ready For A Change?

Er zijn parallellen te trekken tussen de wordingsgeschiedenis van de aarde en de individuele mens.

Zoals de aarde, het universum, is ontstaan door de oerknal of *Big Bang*, zo zijn we ook geboren door een opgebouwde spanning van man en vrouw tijdens het paren.

Van conceptie tot en met het 1e jaar noemen we de *biologische evolutie*.

We groeien dan van eencellig wezen in het water uit tot we op de wereld komen als een hulploos mensje. Deze evolutie noemen we de **fylogenese** en dit is voor ieder mens hetzelfde. Daarom is er maar één natuurfilosofie. Hier krijgen we ons erfelijk materiaal en daar kunnen we niets aan veranderen.

Van het 2e levensjaar tot volwassenwording spreken we van de *culturele evolutie*.
Als we kunnen staan en onze eerste pasjes maken, leren we in een versneld tempo de geschiedenis van de mensheid: van oermens tot de hedendaagse computermens.
Deze evolutie noemen we de **sociogenese** en die is voor iedereen anders. Hier zijn de cultuur, tijd en plaats bepalend voor de richting waarin je opgroeit.
De opvoeding, het onderwijs, maar ook het land waar je woont en het geloof wat je belijdt, zorgen ervoor dat er vele geschiedenissen en culturen zijn. In deze evolutie kun je wijzigingen aanbrengen. De opvoeding en scholing die je hebt genoten, schieten te kort als het gaat om het inspelen op de technologische, culturele en sociale stroomversnelling waarin we nu leven.
Daarom is de individuele ontplooiing een noodzakelijke stap op weg naar de menswording. Op het moment dat je je bewust bent van het feit dat je verantwoordelijk bent voor je eigen daden, geluk en gezondheid, is **het** moment aangebroken. Je bent volwassen en de laatste evolutie van de **ontogenese** of *zelfontplooiing* kan beginnen.
De eerste twee evoluties hebben we ongewild en onbewust meegekregen. Zodra wij onze ouders, opvoeders, de Yang-maatschappij of wie dan ook niet meer de schuld geven van ons eigen succes of falen, wordt de laatste evolutie van zelfontplooiing in werking gezet. En die is voor iedereen anders. Voor iedereen die aan psychosomatische klachten lijdt, is de individuele ontplooiing noodzakelijk. Dit geldt ook voor degenen die er nog niet aan lijden.
Zelfontplooiing is de noodzakelijke stap om uit de bewustzijnsbeperkende wereld te stappen. Alleen dan kun je je beter aanpassen aan het leven van alledag. Ik heb het niet over *overleven*, maar over het leven *beleven*. Hier schrijf je zelf je geschiedenis, hier maak je je eigen filosofie. In deze evolutie kun je jezelf veranderen. *Are you ready for a change?*

Kijk in welk van de onderstaande vakjes je doorgaans zit. Lees de bijbehorende tekst eronder. De vraag luidt: voel jij je in je vak op je gemak?

de intuïtieve mens sluimerend hoger bewustzijn 7	**de genietende mens** evenwichtigheid *wil, denken, gevoel* 8	**de vrije mens** eenheid *het Veld* 9
de instinctieve mens sluimerend bewustzijn *de wil* 4	**de denkende mens** linkerhersenhelft *het denken* 5	**de voelende mens** rechterhersenhelft *het gevoel* 6
de slapende mens lager bewustzijn 1	**de verwerkende mens** gericht op het verleden 2	**de ziende mens** gericht op de toekomst 3

1. **de slapende mens** is zich van weinig bewust. Heeft niet veel interesses, maar ligt daar ook niet wakker van. Hij probeert geen greep te krijgen op de werkelijkheid. Het gebeurt gewoon, het overkomt hem.
2. **de verwerkende mens** is gericht op het verleden; handelt vanuit het verleden en kan er moeilijk afstand van nemen. Hij is niet in het hier en nu.
3. **de ziende mens** leeft in de toekomst; een man van ideeën waarvan er veel niet praktisch zijn. Hij is zijn tijd ver vooruit. Heeft moeite met een leven in het hier en nu.
4. **de instinctieve mens** is op zoek naar genot in het dagelijks leven. Hij is impulsief, gericht op lust. Behoort graag bij een groep.
5. **de denkende mens**: analyseert het leven en heeft voor alles wat hij doet een theorie klaar. In feite is zijn gedrag gebaseerd op angst.
6. **de voelende mens**: begaan met het lot van anderen; probeert de wereld te verbeteren. Hoge emotionele intelligentie en is sociaal voelend.
7. **de intuïtieve mens**, weet onbewust dat er een plan is en laat de dingen gebeuren.
8. **de genietende mens**: leeft in het hier en nu. Hij geniet van het leven en dat straalt hij ook uit.
9. **de vrije mens** heeft een spiritueel bewustzijn en van daaruit ervaart hij de eenheid in zichzelf en zijn omgeving.

Ja? Voel jij je op je gemak in je vak? Blijf daar zitten en ik wens je oprecht veel geluk en gezondheid.
Zo nee? *Are You Ready For A Change?!*

Zelfontplooiing betekent dat je alle aspecten van het menszijn kunt beleven. Zoals in het schema van de negen bewustzijnsdimensies is het ook hier moeilijker om de aspecten van nummer 3, 6, 7, 8 en 9 te ervaren. Deze aspecten zitten in de bewustzijnsverruimende driehoek waar het gevoel, nummer 6, zit. Als je de edelstenenenergie niet kunt voelen, dan zit je niet goed in je gevoel. Je bent op dat moment in de linkerdriehoek. De weg naar de rechterdriehoek verloopt via de lichamelijkheid. Voelen doe je met je lichaam. Het is niet vreemd dat elke Oosterse mystieke leer eigen lichaamsoefeningen kent. Lichaamsbewustwording is de eerste stap naar zelfontplooiing en begint bij de ontspanning.
Een ontspannen lichaam is een voorwaarde om de Qi in jezelf en om je heen te kunnen ervaren. Spanning blokkeert de stroom van de gevoelsenergie. Stress wil zeggen dat je opgesloten zit in de linker bewustzijnsvernauwende driehoek.
Sporten, naar de sauna gaan, dansen of beautybehandelingen ondergaan, kunnen het lichaamsbesef vergroten. Met opzet zeg ik 'kunnen', want dit behoort wel met de juiste intentie gedaan te worden. Concentratie op 'het genieten' is de voorwaarde om naar binnen gekeerd te zijn en zodoende bij je gevoel te komen. Wees je bewust van je lichaam en geniet ervan. Ook in de dagelijkse routineklussen zoals je handen wassen, tandenpoetsen en thee- of koffiedrinken. Maak van je persoonlijke lichaamshygiëne een dagelijks ritueel. Normaal gesproken doen we er alles aan om ons lichaam te 'vergeten'. We wassen ons zodat wij en de ander er geen last van hebben. Maak van dit 'wassen' een ritueel volgens de ABC-regel.
A = Algehele ontspanning
B = Bewustwording van je lichaam
C = Concentratie gericht op het genieten

Sport, dans en doe je beautybehandelingen volgens de ABC-regel en je ervaart dat de magie van het leven in de kleine dingen zit. Geniet van de dagelijkse rituelen en je zult zien dat je als genietende mens straalt.

Hoofdstuk VI

STRALEN MET EDELSTENEN

1. Sandra en de edelstenencosmetica

De edelstenencosmetica is mijn derde periode met edelstenen en begint bij Sandra Westerkamp, de dochter van mijn partner. Zij zorgde ervoor dat mijn leven een andere wending kreeg. Naast therapeute in de Chinese geneeskunde werd ik directrice van een eigen cosmeticabedrijf. Vanaf dat moment raakte mijn leven in een stroomversnelling en belandde ik in de wereld van de Amerikaanse glamour en glitter.

Het is enkele jaren geleden dat Sandra huiduitslag kreeg van haar eerste make-up. In paniek kwam ze bij ons om raad. 'Natuurlijk,' zei Ruud, 'als je iets op je huid doet, dan moet je geen goedkope troep gebruiken. Laten we samen wat make-up in de stad uitzoeken.' Het feit dat ik niet mee mocht, verraadde dat er veel geld uitgegeven zou worden. Trots kwamen ze met een te duur product thuis. Uitleggen dat zo'n duur merk niet besteed is aan een tienergezichtje, hielp niet. *'Only the best is good enough,'* werd meteen als wapen in de strijd gebruikt. Tot onze verbazing, kreeg ze ook hier uitslag van. Wij stonden voor een raadsel. Sandra zag een oplossing: 'Nou pap, dan moet jij maar cosmetica maken die ik wel kan verdragen.' Ruud raadpleegde zijn boeken. Een week of twee later kwam hij met een 100% natuurlijke ginseng basiszalf. Maar hier kreeg ze nog meer uitslag van. Het cosmeticaproject werd voor onbepaalde tijd *on hold* gezet.

In februari gingen we naar de Grammy Awards week in Los Angeles. We waren uitgenodigd voor de Musicares dinner party waar **Paul Simon** geëerd werd als *Person of the Year*. Het was een grandioze show met veel liveoptredens van grote sterren. Na afloop

van het feest gingen we naar de bar/lounge om, zoals we dat noemen, te chillen. Al die indrukken moesten eerst verwerkt worden.
Ruud: 'Dat was nou echte glamour en glitter. Wat een jurken, wat een sieraden! Zo kennen wij dat niet in Nederland. Ik zie er nog van komen dat ze vandaag of morgen hun gezichten beplakken met bladgoud.'
'Nou,' zei ik voor de gein, 'dat zou dan goed uitkomen voor Sandra.'
Ruud: 'Voor Sandra?'
'Ja, goud helpt tegen huidproblemen. Als bladgoud de mode wordt, zit Sandra goed.'
Een heleboel gedachten schoten door mijn hoofd. Dat ik daar niet eerder aan had gedacht...
'Jouw cosmeticavondst voor Sandra met ginseng als basis heb je moeten conserveren. Dat zijn in feite agressieve middelen, die bepaalde bacteriën doden.'
Ruud: 'Alles wat van de natuur komt, is aan bederf onderhevig en dien je te conserveren.'
'Ja, behalve edelstenen, die zitten al miljoenen jaren in de aarde. Ze kunnen niet bederven én zijn gezond voor de huid. Ja, maar natuurlijk, dan praat je echt over puur natuur. Wist je dat de Chinese keizerinnen vroeger al edelstenen gebruikten voor hun huid? Vooral gemalen jade en parels waren erg in trek. In plaats van een klei- of moddermasker kun je ook een jadepoeder- of parelpoedermasker nemen. Dat zijn allemaal producten van Moeder Aarde.'
Ruud: 'Als ik mocht kiezen tussen modder of jadepoeder, zou ik het wel weten.'
Ik kreeg kippenvel. 'Wacht even, Wacht even, zie jij het al voor je: een make-up gemaakt van gemalen edelstenen? Dat zal het goed doen. Zeker hier in Amerika, in Hollywood voor de sterren.'
Ruud: 'Ja, maar ook voor Sandra.'
'Natuurlijk ook voor Sandra, want dan hebben we als eerste in de wereld een huidverzorgende make-up. Een kleurencosmetica die ook nog eens gezond is voor de huid. Kun je je het voorstellen: amethist als oogschaduw en robijn voor de rode lippen?'

Ruud: 'Dit is een wereldidee. Dan krijgt de uitdrukking "Kiss my ruby lips" hier in Amerika een dubbele betekenis.'
Ik had nooit kunnen bedenken dat mijn idee aan de bar zo goed zou zijn, dat ik twee jaar later een eigen cosmeticabedrijf zou runnen. Alhoewel, in Indonesië voorspelde een waarzegger, een jaar of acht geleden, dat ik een eigen cosmeticalijn zou bezitten. Hij maakte eerlijk gezegd niet veel indruk, want ik heb er nadien nooit meer aan gedacht. Het leek zo ver weg. Maar nu liet het idee me niet meer los.

2. Cosmetics guru 'Maria Magdalena'

Twee dagen later ging ik in Hollywood geld ophalen bij Money Gramm. Onze Canadese vriend adresseerde het aan Mieke Roovers. Ter controle vroegen ze mijn paspoort en kwamen tot een shockerende conclusie: 'Jij bent Mieke niet, jij bent Maria Magdalena. Sorry, maar we kunnen je het geld niet meegeven.' Ik legde uit dat Maria Magdalena mijn doopnamen zijn. Ik ben vernoemd naar mijn beide oma's. Na veel geharrewar en wat telefoontjes over en weer kon ik het geld alsnog krijgen.

Maar in die tussentijd was het idee geboren om mijn echte namen Maria Magdalena voor de cosmeticalijn te gebruiken. In Amerika had trouwens iedereen moeite met de naam Mieke. Ik werd dan Mickey of Mikey genoemd.

Die avond stond de Latin Gala party op het programma. Een week voor de Grammy Awards worden er voor de Grammy-leden verschillende feesten en uitstapjes georganiseerd. Ik werd voorgesteld aan de nu inmiddels overleden drummer **Tito Puente**, de man die voor Carlos Santana het lied *O Ye Como Va* schreef. Hier testte ik mijn 'echte' naam Maria Magdalena uit. Tito zei: '*What a beautiful name for a beautiful lady.*' Het eerste lied dat hij die avond met zijn orkest speelde werd opgedragen aan Maria Magdalena. Ik beschouwde het als een goed voorteken en doopte mijn cosmeticalijn Maria Magdalena™ Cosmetics.

Twee jaar later introduceerde ik mijn cosmetica in Amerika. Ik schonk een edelstenen oogschaduw aan de Grammy's voor in de goodybag van Musicares. Het sloeg in als een bom. Een maand later showde ik mijn product in de suite van het chique artiestenhotel Raffles l' Ermitage. Visagisten die voor de Oscaruitreiking de sterren opmaakten, maakten daar kennis met mijn producten. Veel sterren waren laaiend enthousiast. Als klap op de vuurpijl kreeg de onopgemaakte CNN-presentatrice Daryn Kagan van de Paula Zahn show een live make-over met mijn edelstenencosmetica. Heel Amerika sprak erover. Dat jaar ontvingen alle Oscar-genomineerden zoals Nicole Kidman, Halle Berry en Kate Winslet een speciale *custom made set* van mijn cosmetica.

De Hollywoodsterren gebruiken beroepsmatig veel make-up. Als ze een product langere tijd gebruiken, kweken ze allergieën voor bepaalde ingrediënten. Daarom waren ze op zoek naar een huidvriendelijk, conserveermiddelenvrij product. Dat jaar werd mijn make-up door America Movie Channel uitgeroepen tot 'One of the three hottest fashion items for the Oscars'. Ik kreeg veel publiciteit: ik werd gebombardeerd van cosmetics guru tot cosmetics Saint. Vreemd er in Amerika bij te horen, terwijl niemand mij in die tijd in Nederland kende.

Maar niet alleen de sterren uit Hollywood, ook verschillende helderzienden uit verschillende landen zochten contact met mij. Ze voelden of zagen speciale krachten in de edelsteenpoeder. Alhoewel ik dit vermoedde, maakte het me blij. Ik benader schoonheid als een onderdeel of verlengde van gezondheid. Ik heb veel geleerd over edelstenen in combinatie met de huid. Vanuit de Chinese geneeskunde, maar ook vanuit de westerse wetenschappelijke visie. Chemicusprofessor dr. Pierre Blais uit Ottawa bleek de juiste persoon. Wij begrepen elkaar vanaf het begin en zijn steeds op zoek naar de combinatie gezondheid en schoonheid. Zoals gezondheid, behoort ook schoonheid tot een kunst verheven te worden. Schoonheid als levenskunst!

3. Schoonheid als levenskunst

Het gebruik van edelstenen voor make-up en huidverzorging is al zo oud als de beschaving. De Egyptenaren gebruikten gemalen lapis lazuli voor wat we tegenwoordig 'eyeliner' noemen. Cleopatra droeg om haar huid jong te houden een magnetiet op haar voorhoofd. De Chinese keizerinnen gebruikten jademaskers en parelpoeder. Wij zijn altijd opzoek geweest naar jonghouders en mooimakers.

Als therapeute en cosmetica-ontwerpster heb ik me de laatste jaren beziggehouden met het onderwerp 'gezondheid en schoonheid'.

Wat is eigenlijk schoonheid en bestaat er ook zoiets als innerlijke schoonheid?

De rake tekst van Van Kooten en De Bie 'Zoek jezelf' blijft voor mij een ware evergreen.

De man die op z'n tenen loopt en alleen zichzelf verkoopt
En nooit iets in z'n oren knoopt, die gaat nog eens lelijk dood
En met make-up van oor tot oor stelt z'n vrouw een ander voor
En hebben ze nog steeds niet door dat een glimlach beter staat

Van Kooten en De Bie

Velen proberen 'erbij' te horen. Ze volgen slaafs de laatste mode en gebruiken de nieuwste modekleuren van de cosmetica. Innerlijke schoonheid gaat verder dan het volgen van een modebeeld. Een smalle taille, een weelderige boezem, een hartvormig gezicht en amandelvormige ogen zijn iets oppervlakkigs. Ware schoonheid straalt door in je karakter, je bewegingen, je houding en manier van doen. Een vrouw kan een mooi gezicht of een prachtig figuur **hebben**, maar hoeft daardoor nog niet aantrekkelijk te **zijn**. Soms ontmoet je iemand die er misschien minder mooi uitziet, maar veel meer straalt. Die uitstraling bepaalt voor mij het '**mooi zijn**'.

In het oude China beschouwde men 'mooi zijn' als een levenskunst. Dertig procent van je schoonheid heb je geërfd. De overige zeventig procent wordt door zelfwerkzaamheid verkregen. Als je aan je uiterlijke schoonheid werkt, doe dit dan met een goed gevoel van binnenuit. Dan komt je ware schoonheid tot uiting. Innerlijke en uiterlijke schoonheid zijn dan geen tegenstellingen, maar vormen een eenheid.

Een aantrekkelijke uitstraling is het resultaat van een goede innerlijke alchemie. Bij alles wat je voelt en denkt, komt een chemisch proces op gang, waar cellen in je lichaam op reageren. Stress en negatieve emoties beschadigen de huidcellen van binnenuit en bevorderen de veroudering. Positieve emoties daarentegen verhogen de weerstand en zorgen voor de aanmaak van endorfine in de huid, wat je doet stralen. Op deze manier blijf je écht zo jong als je je voelt.

Maar gedachten werken niet alleen door in het lichaam. Testen hebben bewezen dat wat je denkt en voelt, je ook werkelijk uitstraalt. Zoals een vlam de ruimte met licht vult, zo stralen ook emoties van een mens de ruimte in. Deze straling vangen andere mensen onbewust op. Zoals planten naar het licht toe groeien, zo voelen wij ons aangetrokken tot positieve emoties. Als je lekker in je vel zit, trek je mensen aan en word je het stralende middelpunt. Dat is het geheim van een goede uitstraling. Dat is innerlijke alchemie van het hoogste soort.

Er is veel geschreven over het bevorderen van schoonheid in termen van een oefening, een dieet, een pilletje of smeerseltje. Het is een fulltime studie om hierin wegwijs te worden. Natuurlijk dragen goede voeding, beweging en voldoende rust bij aan je schoonheid. Maar over de essentie wordt niet veel gesproken. Het goede gevoel. Je gevoel, gezondheid, schoonheid en straling zijn met elkaar verbonden. Een blij mens straalt en dat is wat mensen voelen. Dat is het geheim van een goede uitstraling. Het spreekwoord wie mooi wil zijn, moet pijn lijden, is van nu af aan passé: 'Wie mooi wil zijn, moet zich goed voelen.'

Leuk gezegd dat goed voelen, maar hoe doe je dat?

Ontspanning is hier de sleutel tot verandering. Wanneer je vastzit in negatieve denkpatronen ben je net als een trein in volle vaart op een treinspoor. Je wilt van baan wisselen maar door de spanning, de hoge snelheid, rij je automatisch weer in hetzelfde spoor. Je zult eerst vaart moeten minderen. Wanneer je ontspannen bent, kun je een andere weg nemen. Ontspanning geeft ruimte en vormt de basis voor een goed gevoel, goede ideeën en daden.

Laat daarom je mobieltje en computer voor wat ze zijn!

Ontspan, vertroetel jezelf en geniet. Neem de tijd om bij jezelf te komen. Ga er eens rustig voor zitten en ga na wie je bent en wat je wilt. Keer terug naar binnen, naar je

stiltepunt onder in je buik. Ontspan je spieren, adem diep en rustig in en laat tijdens de uitademing de gedachten wegvaren als een ballon. Voel de sensatie van rust in je lichaam en visualiseer dat je mooi bent. Niet alleen uiterlijk, maar ook innerlijk.
Dit is innerlijke alchemie om langer jong en gezond te blijven. Enkel en alleen door er de tijd voor te nemen. Werk van nu af aan tijdens je beauty behandeling zowel aan je innerlijk als uiterlijk. Laat de energie van edelstenen je bij je beautybehandeling van je lichaam helpen. En vergeet niet:
De ware schoonheid is die met een echte glimlach!

4. Edelstenen voor aan je vinger

Het dragen van een edelsteen geeft energie en beïnvloedt daardoor je uitstraling. Wanneer je een edelsteen in een ring draagt, zorg dan dat de setting aan de onderkant open is. De steen dient contact te maken, of een open verbinding te hebben, met de huid. De goeroes uit het Oosten zeggen dat dan de kracht in de steen jouw energiehuishouding beter kan bereiken.

Aan welke vinger je een ring draagt, vertelt wat over je persoonlijkheid.

1. Pinkdragers zijn erotisch ingesteld en zijn zoals het spreekwoord zegt 'bij de pinken'.
2. Ringvingerdragers zijn op zoek naar verbondenheid. Ze zijn sociaal ingesteld en willen graag ergens bijhoren, hetzij bij een vereniging, groep of persoon.
3. De middelvingerdragers zijn serieus en trachten in hun leven harmonie te scheppen. Ze proberen een evenwicht te creëren tussen denken en gevoel.
4. Wijsvingerdragers zijn egocentrisch, excentriciteit en vaak eigenwijs.
5. De duimdragers stoeien of worstelen met hun wilskracht die te zwak of te dominant is.

De oosterse mystieke leer ziet slechts drie vingers aan één hand waar je een ring kunt dragen. Dat zijn de pink, de ringvinger en de middelvinger. Aan de linkerhand draag je de innerlijke, naar binnen gekeerde edelstenen. Aan de rechterhand de uiterlijke, naar buiten toe gerichte stenen. Aan de hand van de kleur kun je zien welke steen je aan welke vinger kunt dragen.
Kleuren worden in drie groepen onderverdeeld: 1 Yang, warme kleuren; 2 Yin, koele kleuren, en 3 Yin-Yang neutrale kleuren.

1. Bij de pink horen de Yang-kleuren, ze stimuleren en activeren je basisenergie.
2. Bij de ringvinger horen de Yin-kleuren. Deze kleuren verfijnen, vergeestelijken en werken kalmerend bij heftige sociale relaties.
3. Bij de middelvinger horen de neutrale kleuren, op zoek naar evenwicht in jezelf en evenwichtigheid naar buiten toe.

Maak eerst een top drie van jouw lievelingskleuren. Zoek dan een kleur, waar je geen of weinig binding mee hebt. Lees in de onderstaande kleurentabel wat dat betekent en kies op grond daarvan een edelsteen voor je pink, ringvinger en middelvinger. Draag ze afwisselend of twee tegelijkertijd en zie wat dat met je uitstraling doet.

Rood Het symbool van activiteit, daadkracht, maar ook van macht en strijd. Het is de levenskleur die hoort bij ons bloed. Rode stenen worden daarom ook vaak als ring aan de linkerkant, dicht bij het hart, gedragen. Mensen die in extreme mate beheerst worden door de kleur rood zijn vaak dominant en heerszuchtig, maar het tegendeel kan ook: voor mensen die op zoek zijn naar kracht en moed of erg vermoeid zijn. Er is natuurlijk wel verschil in werking tussen felrood en wat zachter rood.

Rode stenen zijn: **robijn**, **rode jaspis**, **granaat** en **rode calsiet**.

Oranje De kleur die hoort bij beweging, bij warmte en levenskracht. Het is een zeer positieve kleur die niet beangstigend is. Oranje is ook de kleur van de genezing, vitaliteit en meditatie.

Oranje stenen zijn: **carneool**, **zonnesteen**, **oranje calsiet** en **vuuropaal**.

Geel Het symbool van de lichtkracht. Denk maar aan de zon of de bliksem. Het is een sterke kleur die hoort bij wijsheid, levenswarmte en bescherming. Het is een veilige, koesterende kleur.

Gele stenen zijn: **citrien**, **barnsteen**, **topaas** en **gele fluoriet**.

Geelgroen De kleur van nieuw leven, voorjaar en groeikracht. Een goede kleur om zowel lichamelijke als geestelijke groeikracht te bevorderen.

Geelgroene stenen zijn: **aventurijn**, **lichtgroene calsiet** en **chrysopraas**.

Groen De kleur van het midden, de vruchtbare voedingbodem. Groen is opbouwend en verfrissend, vanuit het groen is elke richting mogelijk.

Groene stenen zijn: **olivijn**, **malachiet**, **groene toermalijn**, **groene calsiet**, **smaragd**, **jade** en **groene fluoriet**.

Blauwgroen Deze kleur is al wat koeler dan het groen. Het is de kleur van de concentratie, van contacten in positieve zin en van emotioneel evenwicht.

Blauwgroene stenen zijn: **amazoniet**, **chrysocolla**, **turkoois** en **aquamarijn**.

Blauw De kleur van de hemel, van de verdieping op geestelijk gebied, de kleur van hoop en rust.

Blauwe stenen zijn: **saffier**, **sodaliet**, **blauw calciet** en **lapis lazuli**.

Paars De hoogste geestelijke kleur, de vereniging van rood en blauw. Het kan ook de kleur zijn die, in extreme mate gebruikt, kan leiden tot dogmatiek en verstarring. Het is een waardige, geheimzinnige kleur die veel gebruikt wordt om op een hoger geestelijk niveau te komen,

Paarse stenen zijn: **amethist** en **paarse fluoriet**.

Wit De kleur van de helderheid en reinheid, is in staat om elke andere kleur uit te stralen. Het is de stralenkrans om elke kleur heen.

Witte stenen zijn: **bergkristal** en **diamant**.

Zwart De kleur van de aardkracht, heeft het vermogen om alle krachten van de geest om te zetten in daadkracht. Een kleur zonder schijn en illusie, die het mogelijk maakt om in onze gejaagde wereld toch geconcentreerd te blijven functioneren. Voor sombere mensen een ongeschikte kleur.

Zwarte stenen zijn: **onyx** en **obsidiaan**.

Complementaire kleuren

Iedere kleur heeft een tegenpool, die we een complementaire kleur noemen. Die kleuren zijn: **in de 8 basisenergieëncirkel**

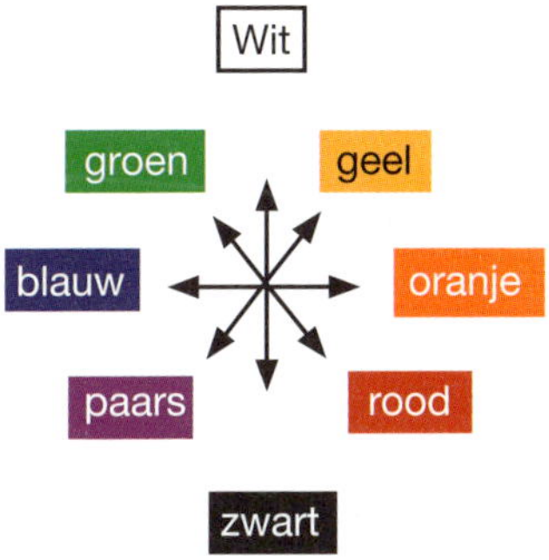

In de edelsteentherapie worden die complementaire kleuren gebruikt als iemand '**te veel**' van een kleur heeft, wat sterk overheersend kan werken. In dat geval wordt het evenwicht pas hersteld bij gebruik van een complementaire kleur.

5. Kleuren passend bij je persoonlijkheid

Gewoonlijk draag ik op een feest die sieraden en edelstenen die bij mijn kleding passen. Bij een rode jurk is dat bijvoorbeeld een robijn en bij een oranje jurk wordt dat een carneool. Maar heb je je wel eens afgevraagd waarom je een favoriete kleur hebt? Numerologen menen dat dit komt doordat je wel of niet met een bepaalde kleur 'overeenstemt'. De getallen 1 tot en met 9 zijn allemaal verbonden met positieve en negatieve kleuren. Met behulp van de onderstaande tabellen kun je zelf zien welke kleuren en de daarbij behorende edelstenen bij je passen. Als je die kleurcombinaties eenmaal weet en ze op de juiste wijze toepast, zul je merken dat je je veel prettiger voelt. Je kiest numerologisch gezien een kleur en edelsteen die bij je persoonlijkheid passen. Hier onder volgt het systeem van numeroloog en mysticus Cheiro. Zijn methode gaat uit van de geboortedag, die als volgt tot een getal van één cijfer wordt herleid:

Op welke dag ben je geboren?

Getal 1: als je geboren bent op de 1ste, 10de, 19de of 28ste van de maand
Getal 2: als je geboren bent op de 2de, 11de, 20ste of 29ste van de maand
Getal 3: als je geboren bent op de 3de, 12de, 21ste of 30ste van de maand
Getal 4: als je geboren bent op de 4de, 13de, 22ste of 31ste van de maand
Getal 5: als je geboren bent op de 5de, 14de of 23ste van de maand
Getal 6: als je geboren bent op de 6de, 15de of 24ste van de maand
Getal 7: als je geboren bent op de 7de, 16de of 25ste van de maand
Getal 8: als je geboren bent op de 8ste, 17de of 26ste van de maand
Getal 9: als je geboren bent op de 9de, 18de of 27ste van de maand

Verklaring van de getallen

Het Getal 1
Basiskleuren - alle tinten geel en brons, tot aan goudkleurig brons. Ook oranje en goudgeel behoren hiertoe
Ondersteunende kleuren - crème en wit, purper, blauw en dieproze
Ongeschikte kleuren - groen, zwart en grijs
Bijbehorende edelstenen - elke steen met een gelige tint, zoals citrien, topaas, barnsteen en gele diamant

Het Getal 2
Basiskleuren - alle tinten groen, crème en wit
Ondersteunende kleuren - lichtroze en lichtblauw
Ongeschikte kleuren - kastanjebruin, dieprood, purper en zwart
Bijbehorende edelstenen - jade, parels, katoog en maansteen

Het Getal 3
Basiskleuren - alle tinten paars en violet, tot heel licht purper en lila
Ondersteunende kleuren - blauw, roze en geel
Ongeschikte kleuren - groen, zwart, grijs en donkerbruin
Bijbehorende edelstenen - amethist, granaat en jaspis

Het Getal 4
Basiskleuren - halftinten en 'elektrische' kleuren als blauw en grijs
Ondersteunende kleuren - reebruin, lichtgroen en lichtgeel
Ongeschikte kleuren - alle heldere en felle kleuren
Bijbehorende edelstenen - saffier, lapis lazuli en sodaliet

Het Getal 5
Basiskleuren - heel lichte tinten van elke kleur, vooral grijs
Ondersteunende kleuren - wit en alle schitterende kleuren
Ongeschikte kleuren - elke donkere of felle kleur
Bijbehorende edelstenen - bergkristal, diamant, maansteen

Het Getal 6
Basiskleuren - alle nuances van blauw
Ondersteunende kleuren - alle nuances van roze en rood
Ongeschikte kleuren - zwart en donker purper
Bijbehorende edelstenen - turkoois, smaragd, toermalijn en aquamarijn

Het Getal 7
Basiskleuren - alle nuances van groen en geel,ook goud
Ondersteunende kleuren - alle nuances van lichte kleuren en pastelkleuren
Ongeschikte kleuren - elke echt diepe of donkere kleur
Bijbehorende edelstenen - sneeuwkwarts, maansteen, katoog en parels

Het Getal 8
Basiskleuren - donkergrijs, donkerblauw, purper en zwart
Ondersteunende kleuren - alle (rood)bruine tinten
Ongeschikte kleuren - alle lichte kleuren, helderrood, groen en geel
Bijbehorende edelstenen - onyx, amethist, donkere saffier en zwarte parels

Het Getal 9
Basiskleuren - roze, rood, donkerrood, hoe donkerder en warmer, des te beter

Ondersteunende kleuren - alle nuances van blauw
Ongeschikte kleuren - groen, geel, bruin en zwart
Bijbehorende edelstenen - robijn, granaat, heliotroop en hematiet

6. De wereld van de wonderlijke Schoonheid!

Carrièrevrouwen worden kritisch bekeken. Ze moeten tegelijkertijd presteren en zich presenteren. Ondanks de grote druk van verplichtingen in werk- en privéleven willen ze er goed uitzien en lekker in hun vel zitten.
Werken aan de eigen gezondheid (innerlijk) ervaren ze vaak als iets moeilijks. Werken aan de eigen schoonheid (uiterlijk) daarentegen wordt als ontspannend gezien.
Met behulp van edelstenen kun je op een ontspannen manier aan je innerlijk en uiterlijk werken. Door miljoenen jaren de kracht van de aarde op te nemen, bevatten edelstenen veel energie. Vanuit de Chinese filosofie heb ik aan de hand van de 8 trigrammenleer deze edelstenen uitgekozen voor mijn cosmetica: Amethist, Rozenkwarts, Barnsteen, Jade, Aventurijn, Aquamarijn, Carneool en Parel. Diamant bleek het positieve effect van edelstenenpoeders te verhogen. Vandaar dat in ieder potje een edelsteen en diamantpoeder is toegevoegd.
De edelstenenpoeders die ik gebruik, hebben volgens de Chinese geneeskunde de volgende werking:

Amethist:	ontspant de huid, zodat de natuurlijke schoonheid van de huid floreert
Rozenkwarts:	helpt bij celvernieuwing
Robijn:	geeft de huid kracht
Carneool:	stimuleert de onderhuidse bloeddoorstroming, wat zorgt voor een frisse teint
Barnsteen:	verzacht en voedt de huid
Jade:	harmoniseert de huid
Aventurijn:	bevordert de gezondheid van de huid
Aquamarijn:	bekend als de 'skin care steen', verwijdert huidirritaties
Parel:	bevordert de algehele schoonheid van de huid
Diamant:	versterkt het effect van andere edelstenen

Deze edelsteenpoeders kunnen met een klei of crème aangebracht worden als een masker. Klei heeft een reinigende werking en crème heeft een hydraterend effect.

Je kunt ook met een edelsteen je gezicht masseren. Begin met het gezicht lekker met een olie of crème in te smeren. Gebruik daarna knuffelstenen en maak ronddraaiende bewegingen over het gezicht. Dit ontspant de gezichtspieren. Gebruik voor het stimuleren van de acupunctuurpunten op het gezicht een edelstenenstaafje. De energie van het edelstenenstaafje komt via de openingen in de meridiaanbaan. Dit geeft een vitaliserend effect.
Het is verrassend heerlijk om 's ochtends te beginnen met een edelsteen zachtjes over je slapen te wrijven. Vooral kristallen en kwartsen werken zeer verkwikkend. Het is fijn om de dag te beginnen met een bergkristal, rozenkwarts of amethist. Als je een ontspannend en rustgevend effect nastreeft, verwarm de edelsteen eerst met je handen. Een koele edelsteen wekt de energie op.

Praktijk gezichtsmassage

- Druk met je duimen op de haarlijn van binnen naar buiten tot de slapen. Verplaats dan je duimen iets meer richting de neus en maak dezelfde beweging. Herhaal dit twee keer.

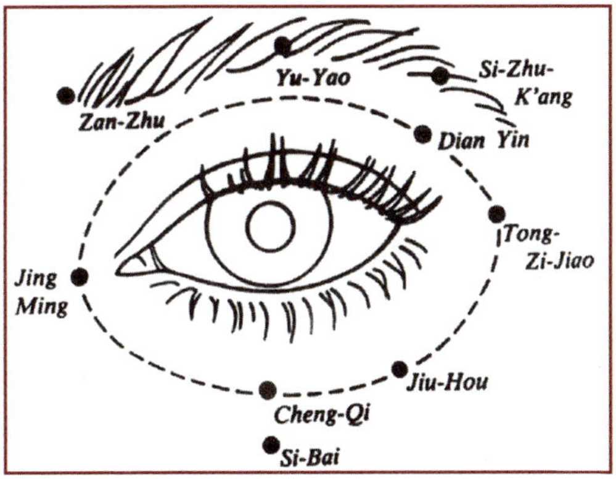

Drukpunten rond de ogen

- Druk 3 tot 5 seconden met de wijsvingers op de punten in de binnenhoeken van de oogkassen (Jing-Ming).
- Ga met een lichte knijpbeweging de hele wenkbrauw langs (drie keer) en masseer daarna de drie volgende acupunctuurpunten: 1. Zan-Zhu 2. Yu-Yao (het punt op de wenkbrauw boven je pupil), en 3. Si-Zhu-K'ang.
- Druk met je duimen langs de onderrand van de oogkassen (drie keer). En masseer iets onder de oogkas Si-Bai.
- Druk gedurende 3 à 5 seconden met je wijsvingers achter het bot bij de buitenste ooghoek. Afbeelding Tong-Zi-Jiao.
- Haak met vingertoppen onder het jukbeen (drie keer).
- Druk in een rechte lijn vanaf de midden onder het oog een aantal punten tot naast de mondhoeken (drie keer).
- Maak met de vingertoppen zacht ronddraaiende bewegingen op de slapen. Doe dit zo'n 3 tot 5 seconden.
- Strijk met je duimen vanaf de neus onder de jukbeenderen langs de kaakhoek (drie keer).
- Druk met de wijsvingers zachtjes op de punten naast de neusvleugels. Doe dit 3 tot 5 seconden.
- Druk met de wijsvinger op het stukje onder de neus boven de bovenlip, druk tegelijkertijd op het diepste punt onder de onderlip met je middelvinger (3 à 5 seconden).
- Strijk met je duimen vanaf de kin naar de kaakhoeken (drie keer).
- Masseer met de vingertoppen met een draaiende beweging de kauwspieren. Laat de persoon de kiezen op elkaar klemmen als je de spieren niet precies weet de vinden (3 à 5 seconden).
- Masseer de oren.
- Wrijf ten slotte je handen goed warm en leg deze over de ogen.

Knuffelstenen en edelstenenstaafjes

Dankwoord

Met speciale dank aan Ruud Westerkamp voor het aanleveren van het bewustzijnsmodel en de foto's. Verder wil ik graag nog bedanken:
Rinus van den Broek
Rien Brood
Geoffrey De Pauw
Jan Jaap Westerkamp
Sandra Westerkamp
Frans Wouts

Gezondheidscentrum 'CNGO' - Tilburg
New Age shop Ganesha - België
Timmers Gems - Berghem
De Rolsteen - Waalwijk

Voor alle informatie kun je kijken op www.mariamagdalenacosmetics.nl

EXTRA:

EDELSTENEN IN WOORD EN BEELD

1. AGAAT

- Behoort tot de chalcedoongroep.
- Samenstelling: SiO_2, voorkomend in diverse kleuren.
- Astrologie: Mars, Maan, Ram, Maagd.
- Chakra: Stuit.
- Naamgeving: van de rivier de Achates (thans Dirillo) op Sicilië.
- Is goed voor: de bevalling, haargroei, vitaliteit, welsprekendheid (vooral de geelbruine).
- Tegen: epilepsie (dragen als talisman), grauwe staar, haaruitval (vooral samen met aventurijn), heimwee, hoge bloeddruk (werkt bloeddrukverlagend, vooral samen met aventurijn of nefriet), koorts, krankzinnigheid (verpulverd innemen met appelsap), oogklachten (Botswana-agaat), oorsuizingen (samen met nefriet), pijn, waanzin, plankenkoorts, wilszwakte.
- Helpt bij: acne (samen met aventurijn), vermageren.
- Versterkt: hart, ogen, gehoor, innerlijke ontwikkeling, zonnekracht.
- Geeft: breinverlichting, ernst, evenwichtigheid, een beter gehoor en een beter gezichtsvermogen, moed, ontspanning, innerlijke rust, goede nachtrust, wilskracht

(samen met nefriet), welsprekendheid (gele agaat), een goede zogvorming (vooral de witte).
- Beschermt tegen: aanranding, slangenbeten (dragen als amulet), vergiftiging.
- Spiritueel: leert aandacht te geven aan de diepere levenswaarden en verlicht het denken (gele agaat). De Botswana-agaat leert scheppend denken.

2. Amethist

- Samenstelling: siliciumdioxide. De steen is transparant, de fluorescentie is zwak groenig.
- Kleur: violet, roodviolet, blauwviolet.
- Astrologie: Ram (Babylonië) en Steenbok (Romeinen).
- Chakra: Sahasrara, de kruinchakra of duizendbladige lotus - is zeer geschikt voor meditatie.
- Naamgeving: de naam betekent in het Grieks: 'niet bedronken', deze steen werd vroeger dan ook gebruikt om de bijwerkingen van alcohol te verminderen.
- Is goed voor: huwelijksgeluk, meditatie, visvangst, vergeestelijking van de ziel.
- Tegen: kraamvrouwenkoorts, achterhoofdpijn, angsten, bloedziekten, dronkenschap (dragen op de navel), haatgevoelens, hallucinaties, heimwee, hoofdpijn, huidonreinheden, hysterie, infecties, kleurenblindheid, migraine, neuralgieën, onbeheerstheid, oogklachten, plankenkoorts, alle pijnen, slapeloosheid (voorhoofd en slapen bestrijken), smart, tetanus, transpiratie, venerische ziekten, verstrooidheid, verkramping van het middenrif door gezwollen organen, waan, waterzucht, zweetvoeten, zweren, brandwonden, ongeluk en rusteloosheid.
- Helpt om van verslavingen af te komen.

- Versterkt: deemoed, scheppend denken, lever, maag, middenrif.
- Geeft: beheersing van de driften, droomuitleg, ernst, een geestelijke reiniging, absolute macht, menslievendheid, toekomstvoorspelling, vriendschap, waarheidsliefde, zielenreiniging, zielenvreugde.
- Beschermt op zee.
- Spiritueel: de steen der naastenliefde - verheft de ziel.
- Extra: Geleidt de liefde en verering voor goddelijke wezens.

3. Aquamarijn

- Samenstelling: aluminium-berylliumsilicaat. De steen is doorzichtig tot ondoorzichtig en is drukgevoelig. De kleurende stof is ijzer.
- Kleur: lichtblauw, blauw, blauwgroen.
- Astrologie: Uranus, Neptunus,Tweeling.
- Naamgeving: uit het Grieks en betekent 'water van de zee'.
- Is goed voor: verbetering van gezichtsvermogen, waarschuwende dromen en mystiek inzicht, milder intellect, jeugdigheid, mildheid, onbevreesdheid, reinheid, trouw, vitaliteit, huidvorming, huwelijksgeluk, inspiratie, de smaak, spijsvertering.
- Tegen: allergieën, halsaandoeningen, hoestpijn, keelpijn, kiespijn, opgezette klieren, elke vorm van klieraandoeningen, maagpijn, onwetendheid, oogaandoeningen, sinusitis, tandabces, elke rode uitslag, verkoudheid, zenuwpijnen, miskramen.
- Helpt bij: abcessen, kaakaandoeningen, melancholie, het doorkomen van verstandskiezen.
- Versterkt: de keel, maag, mond, ogen, schildklier en de zonnevlecht.

- Beschermt op zeereizen, de reinheid en de onschuld.
- Extra: steen van zieners, mystici en zeelui.

4. Aventurijn

- Alias: Avanturein, avanturienkwarts.
- Samenstelling: siliciumdioxide. De steen is doorschijnend tot ondoorzichtig. De fluorescentie is roodachtig. De donkergroene steen dankt zijn glinstering aan fuchsiet, de rode en bruine soort aan hematietinsluitsels.
- Kleur: groen, goudbruin, glinsterend.
- Astrologie: Venus, Weegschaal.
- Naamgeving: de naam betekent 'bij toeval'.
- Is goed voor: het vinden van avontuur, bindingen, gezichtsvermogen, de vitaliteit (vooral de roodbruine), de wilskracht (vooral de rode).
- Tegen: acne (vooral met agaat), hoge bloeddruk (vooral met agaat), eczeem, haaruitval (vooral met agaat), huidaandoeningen, huiduitslag, huidziekten, neusbloedingen, rugklachten (vooral de rode).
- Helpt bij: heling, afsluiting.
- Versterkt: het haar, hart (vooral de rode), de ogen (vooral de rode).
- Geeft: gelukkiger liefde, onafhankelijkheid, originaliteit, binding, afsluiting, geluk in het spel.

5. Barnsteen

- Alias: Birmiet, Succiniet.
- Samenstelling: het is de fossiele verharde hars van de pijnboom Pinus succinifera

- een chemisch mengsel van diverse harssoorten. De steen is doorzichtig tot ondoorzichtig en heeft een blauwigwitte tot geelgroene fluorescentie.
- Kleur: Lichtgeel tot bruinrood, bijna kleurloos, melkachtig wit, blauw, zwart, groenig.
- Astrologie: Mercurius, Tweeling.
- Chakra: Manïpura, de zonnevlecht.
- Is goed voor: darmstoringen, vergiftiging.
- Tegen: angsten, astma, de ziekte van Basedow (dragen als halsketting), beheksing, blaasontsteking, bronchitis, depressies, doofheid, duizeligheid, fantoompijnen, fobieën, gezichtsroos, hysterie, infecties, krop, maagcatarre, machteloosheid, oorpijn, reuma, uitputting, verkoudheid.
- Helpt bij: alle gewrichtsziekten, astma, hooikoorts (over de slapen strijken), malaria, het krijgen en verliezen van tanden. Geneest en beschermt de luchtwegen.
- Versterkt: blaas, gehoor, hart, luchtwegen, maag, oren, schildklier.
- Geeft: warmte aan zijn drager, zodat deze ze ook weer verder kan doorgeven.
- Beschermt tegen: boze blik, tovenaars (weert ze af).
- Werkt elektrisch, verwarmend.

6. Bergkristal

- Samenstelling: siliciumdioxide. De steen is doorzichtig.
- Kleur: kleurloos, lichtgeel (Madagascar) tot witachtig.
- Naam: komt van 'krystallos', wat zoiets als 'helder ijs' betekent. Vroeger geloofde men dat bergkristal bevroren water was, omdat het zelfs in warme streken heel lang koud blijft.
- Astrologie: Zon, Leeuw, Tweelingen.

- Chakra: Ajnä, het derde oog of de voorhoofdchakra.
- Is goed voor: de zogvorming.
- Tegen: abcessen, acne, angina pectoris, angsten, bloedingen, buikkramp, darmkrampen, depressies, diarree, disharmonie, dorst (een klein stukje onder de tong dragen), duizeligheid, evenwichtstoringen, eczeem, haaruitval, hartklachten, heimwee, hernia (samen met malachiet), hoofdpijn, huidziekten (als de steen eerst door de zon is beschenen), kanker, krampen, onregelmatige menstruatie, onpasselijkheid, pijn, rugklachten (samen met malachiet), verstopping, wagenziekte, wilszwakte, zeeziekte, zenuwachtigheid, zorgen.
- Sneeuwkwarts helpt tegen wagenziekte.
- Helpt bij: reuma.
- Versterkt: nieren, goede wil.
- Geeft: geduld, inzicht, liefde, moed, reinheid, vitaliteit, volharding.
- Beschermt tegen: aardstralen.

7. Carneool

- Behoort tot de chalcedoongroep.

- Alias: Kornalijn, Sarder.
- Samenstelling: siliciumdioxide. De steen is troebel doorschijnend en de kleur schommelt tussen vleeskleur en bruinrood.
- Astrologie: Mercurius, Maagd, Jupiter (oranje).
- Chakra: Svâdisthâna, de heiligbeenchakra.
- Naamgeving: genoemd naar de vleeskleurige kornoeljekers.
- Is goed voor: spijsvertering, tastzin, welsprekendheid (vooral de oranje steen). Kalmeert koorts.
- Tegen: bloedingen, bloedvergiftiging, darmstoringen, futloosheid, gewrichtsaandoeningen (samen met malachiet), infecties, ischias, koorts, krampen, nachtmerries, onrust, oorontsteking, pijn, reuma (samen met malachiet), reumazenuwpijnen, suikerziekte, zenuwpijnen, zwaarmoedigheid.
- Helpt bij: genezen van wonden en zweren en het stillen van toorn.
- Versterkt: de bloedcirculatie, de stem.
- Geeft: kalmering, innerlijke rust, vitaliteit, vrolijkheid, weldaad.
- Beschermt tegen: (gedragen als talisman) bliksem, boze blik, nachtmerries, ongelukken, storm.
- Spiritueel: het is de steen van de tastzin.
- Extra: de vleeskleurige carneool geeft en versterkt de saamhorigheid door bloedverwantschap, de gezinsliefde en de familiezin, ouderliefde en kinderliefde.

8. Citrien

- Samenstelling: siliciumdioxide. De steen is doorzichtig. Heel vaak wordt gebrande amethist of rookkwarts als citrien aangeboden, maar de gebrande soorten hebben

altijd een roodzweem en hebben geen pleochroisme (verschillende kleur vertonen afhankelijk van de doorkijkrichting).
- Kleur: lichtgeel tot goudbruin.
- Astrologie: Mercurius, Tweelingen.
- Chakra: Manîpura, de zonnevlecht.
- Naamgeving: naar de citroengele kleur.
- Is goed voor: de bloedcirculatie, de smaak, spijsvertering, zenuwelektrische circulatie, het denken (goed bij examen).
- Tegen: depressies, futloosheid, hoofdvermoeidheid, een koud gestel, suikerziekte.
- Versterkt: de circulatie in het algemeen, het denken, het spreken, zenuwgestel, alvleesklier, lever
- Geeft: evenwichtigheid, opgewektheid, vitaliteit, vrolijkheid, welsprekendheid, mentale ondersteuning, zonnig gemoed.
- Spiritueel: maakt de gedachten helderder; stemt het gemoed zonnig; doet het gevoelsleven verstandelijk beheersen.

9. Granaat

- Astrologie: Mars, Schorpioen.
- Chakra: Mulâdhâra, de wortelchakra.
- Naamgeving: van het Latijnse 'granatus' (korrel).
- Is goed voor: het arbeidsvermogen, helderziendheid, intuïtie, seksleven.
- Tegen: depressies, gemoedsziekten, hartklachten, hartritmestoringen, huidaandoeningen, kwaadheid, neerslachtigheid, ontstekingen, overspannenheid.

- Helpt bij: alle hartaandoeningen; het vinden van verborgen schatten.
- Versterkt: het hart, het beeldend voorstellingsvermogen, de goede wil.
- Geeft: doorzettingsvermogen, energie, kracht, hartstochtelijke liefde, moed, onverschrokkenheid, succes, weduwen troost, zelfvertrouwen, wilsvastheid en succes, diepreikende intuïtie en het vermogen om schatten te ontdekken.
- Beschermt tegen: besmettingen, bliksem.
- Spiritueel: het is de steen van het voorstellingsvermogen.
- Extra: kan verstorend werken op gevoelsleven; kan haat opwekkend werken. Neemt trots weg. Algemeen versterkende werking. Werkt als zienersteen (moet dan eventueel afgeremd worden met de roze Botswana-agaat), versterkt bij zwakte (ook hier eventueel afremmen met de roze Botswana-agaat).

10. Heliotroop

- Behoort tot de chalcedoongroep.
- Alias: Bloedjaspis.
- Samenstelling: een ondoorzichtige groene jaspis met rode punten, strepen of vlekken die veroorzaakt zijn door hematiet. De steen is ondoorzichtig tot doorschijnend.
- Astrologie: Mars, Schorpioen.
- Chakra: zonnevlecht.
- Naamgeving: betekent in het Grieks 'zonnewender'.
- Is goed voor: blaas, maag.
- Tegen: aambeien, blaasaandoeningen, blaasstenen, bloedingen, hoge bloeddruk, insectenbeten, maagontsteking, neusbloeding (steen op voorhoofd houden stopt de bloeding), ongedierte, vergiftiging, verwonding, wonden.

- Helpt bij: het goed gedijen van het vee en de gewassen, bevalling, idealisme.
- Versterkt: de darmen (steen op de zonnevlecht dragen), maag, meevoelen.
- Geeft: voorspellende dromen (vooral bij wassende maan, en als de maan dicht bij de aarde staat), afweer tegen droogte en tegen hagel, onbaatzuchtigheid, steun van een overledene als men diens steen draagt.

11. Hematiet

- Alias: Bloedsteen, Speculariet.
- Samenstelling: ijzeroxide. De steen is ondoorzichtig.
- Kleur: zwart, zwartgrijs, bruinrood.
- Astrologie: Pluto, Schorpioen.
- Naamgeving: van het Grieks 'haema' (bloed). Het koelwater bij het slijpen kleurt bloedrood.
- Is goed voor: de bloedcelvorming, verdraagzaamheid.
- Tegen: bloedarmoede, bloedingen, congestie, griep, hersenvliesontsteking, ischias, koorts, kuitkramp, nierkwalen (in poedervorm innemen), bloeddoorlopen ogen, te snelle pols, zweren.
- Versterkt: het hart, de wil (geeft moed).
- Geeft: geduld bij het aanhoren van klagen van anderen (vooral goed voor therapeuten), moed, een rustige slaap.
- Extra: waarschuwt voor gevaar door mat te worden.

12. Jade

- Samenstelling: De steen bevat 2 soorten mineralen, te weten jadeiet en nefriet,

die moeilijk te onderscheiden zijn. Jade wordt vaak als een overkoepelende naam gebruikt. (zie bij jadeiet en nefriet)
- Astrologie: Venus, Weegschaal.
- Naamgeving: afgeleid van 'piedra de yjada' of 'steen van zijde'.
- Is goed voor: blaas, maag, ogen. Verlicht de laatste maanden van de zwangerschap en maakt de bevalling gemakkelijker.
- Tegen: galaandoeningen, gewrichtsaandoeningen, knieaandoeningen, maagontsteking (gastritis), nierontsteking, reuma.
- Helpt bij: vermageren.
- Versterkt: de nieren.
- Geeft: bescheidenheid, geluk bij kansspelen, kinderzegen, levensverlenging, moed, innerlijke rust, weldaad, wijsheid.
- Beschermt tegen: ongeluk en ongevallen.
- Spiritueel: vergroot de barmhartigheid.
- Extra: bevordert gerechtigheid en verdrijft het onrecht. Trekt bij een proces het recht naar zich toe.

13. Jaspis

- Alias: Hoornsteen, Jasper.
- Samenstelling: siliciumdioxide.
- Astrologie: Maan, Kreeft, Mars, Ram (helder rood).
- Chakra: wortelchakra,
- Naamgeving: uit het Grieks en betekent de 'gespikkelde',
- Is goed voor: de blaas, werkt bloedstelpend en verzachtend (vooral de groene),
- Tegen: blaasstenen, epilepsie (vooral de blauwe), galaandoeningen, infecties,

maagpijnen (vooral als de steen in de maagkuil gedragen wordt), nierontsteking, zwangerschapsbraken (roodbruine).

- Helpt bij: vermageren.
- Versterkt: het bloed (vooral de roodbruine), de gal, lever, maag, nieren, de reuk, het verstand (vooral de gele).
- Geeft: onbaatzuchtigheid, reukzin, spijsvertering, wilskracht (vooral de roodbruine).
- Beschermt tegen: demonen.
- Spiritueel: geeft onbaatzuchtigheid.
- Extra: het is de steen van de reukzin.

14. Katoog

- Samenstelling: siliciumdioxide. De steen is doorschijnend tot ondoorzichtig.
- Kleur: geelgrijs, wit, groenbruin. De hoornblende insluitsels die evenwijdig lopen veroorzaken het chatoyeren (katoogimitatie). De geslepen steen heet katogenkwarts (de aanduiding katoog mag alleen worden gebruikt voor het chrysoberylkatoog).
- Astrologie: Zon, Mercurius, Tweeling.
- Werkt verwarmend.

- Tegen: astma, darmkrampen, oogziekten.
- Versterkt: de luchtwegen.
- Beschermt tegen boze blik.
- Spiritueel: geeft helder denken. Doet fouten inzien en problemen op hun juiste waarde schatten. Doet helder waarnemen.

15. Koraal

- Chakra: Svâdhistâna, de heiligbeenchakra.
- Naamgeving: van het Griekse 'korallion' en het Latijnse 'corallium'.
- Is goed voor: skelet, tanden, zwangerschap, moedermelk, stofwisseling, schildklier, pancreas, milt.
- Tegen: bedwateren (op oudere leeftijd), kinkhoest, stuipen, zweren, oogontsteking, depressie, slaapzucht, osteoporose, darmstoornissen, constipatie.
- Helpt bij: bloedziekten, bleekzucht, herstel na ziekte of operatie.
- Spiritueel: goed voor meditatie en visualisatie omdat koraal denkbeelden in vorm kan vasthouden. Bevordert het denken en stimuleert de creativiteit. Herstelt geestelijke disharmonie die het gevolg is van conflicten of problemen in het onderbewuste. Leert ons de beweeglijkheid van de vorm te zien en verhindert starheid in het denken.

16. Lapis Lazuli

- Alias: Lazuriet, Lazuursteen, Lapis.
- Samenstelling: zwavelhoudend natrium-aluminiumsilicaat. De steen is ondoorzichtig en de fluorescentie is sterk wit. Mengsels van mineralen, zoals lazuriet,

augiet, calciet, diopsiet, glimmer, hauyn, hoornblende en pyriet, zijn gevoelig voor druk, temperatuur, zeep en zuren.
- Kleur: donkerblauw of lazuurblauw.
- Astrologie: Venus.
- Chakra: Ajnâ, het derde oog of voorhoofdchakra.
- Naamgeving: Lapis lazuli betekent in het arabisch-latijn 'blauwe steen'.
- Is goed voor: het bloed, de bloedgezondheid, huid, milt.
- Bevordert goedheid, hulpvaardigheid, idealisme, geloof in zichzelf, meditatie, het sociale werk, vriendentrouw, de goede wil, wilsuitstraling, verrijkt het spirituele leven.
- Tegen: angsten, beroerte, depressies, epilepsie, haaruitval, kiespijn, neerslachtigheid, nervositeit, oogproblemen (een steen die in warm water heeft gelegen erop leggen), overspannenheid, pijn, slaapstoornissen, waterzucht; zenuwpijnen en zwellingen (vooral als de steen er verwarmd opgelegd wordt).
- Werkt bloeddrukverlagend, bloedzuiverend, pijnstillend, versterkend, werkt sterk positief in op het zelfvertrouwen bij kinderen.
- Versterkt: haar, hart, liefde, wilsuitstraling, hulpvaardigheid.
- Geeft: innerlijke rust, diepe (gezonde) slaap, opgewekte stemming, vriendentrouw, zelfvertrouwen.
- Extra: vriendensteen; weert valse vrienden.

17. Maansteen

- Alias: Vissenoog, Wolfsoog, Wateropaal.
- Samenstelling: Kalium-aluminiumsilicaat.
- Naamgeving: naar de kleur van de maan.

- Goed voor: bijnieren, geslachtsorganen, slijmvliezen, bloeddoorstroming in de spieren, waterhuishouding.
- Tegen: cellulitis, zwaarlijvigheid, spierzwakte, chronische reuma, menopauzeproblemen.
- Heeft de eigenschap om opgedane kennis een etmaal vast te kunnen houden.
- Versterkt het geestelijk vermogen en het kortetermijngeheugen.

18. Magnetiet

- Alias: Magneetijzer, Magneetijzersteen
- Samenstelling: ijzeroxide. De steen is magnetisch en ondoorzichtig zwart met een opvallende metaalglans.
- Is goed voor: het gezichtsvermogen, de gezondheid. Voorkomt onvruchtbaarheid bij de vrouw. Werkt koortswerend.
- Tegen: aangezichtspijn, congestie, fantoompijnen, hoofdpijn (de steen over het voorhoofd strijken), ischias, kuitkramp, nekpijn, ontstekingen, pijnen, zenuwpijnen (over de slapen strijken), zwakte.
- Helpt bij: reumapijnen, breuken.

- Versterkt: de lever, de goede wil.
- Geeft: (overtuigings)kracht, welsprekendheid.
- Beschermt tegen: boze geesten (als amulet).

19. Malachiet

- Samenstelling: basisch kopercarbonaat.
- Kleur: licht-, smaragd-, zwartgroen.
- Astrologie: Uranus, Waterman.
- Naamgeving: uit het Griekse 'malakhe' (diepgroen) en 'malako' (zacht).
- Soorten: Eilatsteen en Malachiet-pauwoog.
- Is goed voor: het gezichtsvermogen, de huidvorming, stofwisseling, de zogvorming, stilt verlangens.
- Tegen: aambeien, astma, cholera, eczeem, gewrichtsaandoeningen (samen met carneool), hartaandoeningen, hartkrampen, hernia (samen met bergkristal), hoofdpijn, ischias (samen met schalenblende), kiespijn, kneuzingen, koliek, onregelmatige menstruatie, overmatige drift, menstruatiekrampen, multiple sclerose, ontstekingen, oogaandoeningen, Egyptische oogziekte, reuma (samen met carneool), rugklachten (samen met bergkristal), spataderen, steenpuisten, vergiftiging, onzuiverheid van het bloed, wonden, zenuwachtigheid, zenuwpijnen, ziekte van Parkinson
- Helpt bij: de verwerking van een ongelukkige liefde, bij middenrifproblemen; bij alle oogklachten en -ziekten, in de overgangsjaren.
- Versterkt: hart, luchtwegen, ogen, zenuwen, geslachtsorganen.
- Geeft hoop.
- Spiritueel: helpt de dierentaal te begrijpen.

20. Obsidiaan

- Samenstelling: vulkanisch amorf kiezelzuurrijk gesteenteglas. Ondoorzichtig tot ondoorschijnend zwart, grijs of bruingroen.
- Naamgeving: naar de Romein Obsius.
- Is goed voor: weefselherstel na kwetsing, luchtwegen.
- Tegen: hoge bloeddruk, ontkalking, verkoudheid, griep, grauwe staar.
- Geeft: ontspanning bij onrust en prikkelbaarheid, bevordert de goede nachtrust.
- Tegen geestelijke vermoeidheid.
- Spiritueel: richt de blik naar binnen, stimuleert het spiritueel leven en de eigen intuïtie. Goed bij meditatie en visualisatie.
- Extra: blauwe obsidiaan versterkt de ogen.

21. Olivijn

- Alias: Peridoot.
- Samenstelling: magnesiumijzersilicaat. De steen is doorzichtig geelgroen, olijfgroen, bruinig.

- Astrologie: Vissen in Babylon, Leeuw in Egypte en Maagd in de middeleeuwen.
- Chakra: zonnevlecht.
- Naamgeving: naar de olijfgroene kleur.
- Is goed voor: prostaatproblemen, onverklaarbare vermoeidheid, bloedarmoede, herstel na ziekte of operatie.
- Geeft: versterking van de alvleesklier, de lichaamsenergie en verbetering van de energiedoorstroming.
- Spiritueel: transformeert negatieve gedachten tot positieve, beschermt op alle gebied en laat de zonnekracht ervaren. Verhoogt de aanleg tot helderziendheid en toekomstvoorspelling. Versterkt het goddelijke gevoel en maakt contact met het hogere zelf. Goed bij meditatie.
- Extra: Van olivijn werden vroeger sacrale sieraden gemaakt, waar men magische krachten aan toeschreef. In de baroktijd werd olivijn als liefdessteen gedragen.

22. Onyx

- Behoort tot de chalcedoongroep: onyx is een éénkleurige zwarte of witte chalcedoon.
- Astrologie: Saturnus, Steenbok.
- Naamgeving: de naam betekent 'vingernagel'.
- Is goed voor: het gehoor en het luisteren, het haar, de huid, de nagels.
- Tegen: astma, circulatiestoringen, ettering, haaruitval, hartklachten, insectenbeten, kalktekort, ongevallen, onrust, tranende ogen, piekeren, pijnen, vergiftiging.
- Helpt bij: het bedwingen van de passie; bij een rouwproces.

- Versterkt: de concentratie, deemoed, geestkracht, het geweten, hart, horen, de luchtwegen, de oren.
- Geeft: ernst, evenwichtigheid, verdieping van gedachten, inspiratie, innerlijke rust, deemoed, volharding.
- Beschermt tegen: ongevallen en overmatig piekeren.
- Bevordert concentratie en inspiratie (met betrekking tot geestelijk leven).
- Spiritueel: is de steen der inspiratie. Maakt vreesloos en verstrengt de zeden. Weert slechte invloeden af.
- Extra: kan nare dromen oproepen, hardheid of neerslachtigheid opwekken (vooral bij een slechte Saturnusstand in de horoscoop); steunt afwikkeling van karma (vooral onder de 30 jaar).

23. Opaal

- Samenstelling: waterhoudend siliciumdioxide. De steen is doorzichtig tot ondoorzichtig en komt voor in wit, grijs, oranje, zwart, gedeeltelijk opaliserend. De fluorescentie is bij witte opalen wit, blauwachtig, bruinachtig, groen; bij de vuuropaal groenig tot bruin.
- Astrologie: Neptunus, Vissen, Maan.
- Naamgeving: uit het Oudindisch 'upala' = 'edelsteen'.
- Wekt het emotionele, de hartstochten en het erotische op.
- Versterkt de longen.
- Beschermt tegen ongeluk.
- Spiritueel: Voorspelt de toekomst door mat worden en kleurveranderingen. Kan onstandvastig maken en begoocheling aantrekken.

24. Parel

- Samenstelling: 84 à 92% calciumcarbonaat, 4 à 13% organische bestanddelen, 3 à 4% water.
- De parel is doorschijnend tot ondoorzichtig. Ze zijn het product van oesters - zeldzamer zijn die van slakken - en ze bestaan uit concentrisch om een middelpunt gerangschikte microkristallen van koolzure kalk in de vorm van aragoniet en organische hoornstof (conchyne). Parels kunnen uitdrogen en verouderen. Ze behouden hun glans langer bij gezonde mensen.
- Kleur is roze, zilver, crème, goudkleurig, groen, blauw, zwart.
- Goed voor: tanden, zwangerschap, borstvoeding, luchtwegen, ademhaling.
- Tegen: ontkalking, astma.
- Spiritueel: inwijding, bereiken van hogere liefde, transformatie. Laat ons loskomen van vastgeroeste patronen, stimuleert de innerlijke groei en geeft inzicht in onze mogelijkheden. Kan sterke emoties absorberen en zo een groot verdriet opnemen.

25. Pyriet

- Samenstelling: ijzersulfide. De steen is ondoorzichtig messinggeel tot grijsgeel.
- Naamgeving: de naam pyriet komt van 'vuur' (vanwege zijn vonkvorming).
- Is goed voor: herstel na ziekte, menstruatie. Pyriet is een natuurlijke energiebron, verhoogt de weerstand en regelt de stofwisseling.
- Tegen: bloedarmoede, koorts ten gevolge van zweren of abcessen.
- Spiritueel: versterkt de geestelijke vermogens, het denken en het begrijpen. Ondersteunt de geestelijke energie-uitwisseling tussen mensen. Voor intense meditatie en opname van kosmische energie. Leg een brok pyriet op de plaats waar je veel verblijft om tot rust te komen.

26. Robijn

- Samenstelling: aluminiumoxide. De steen is ondoorzichtig, doorschijnend in diverse tinten rood en doorzichtig; fluoresceert sterk karmijnrood. De kleurende stof is chroomoxide; bij bruine nuances ijzeroxide.
- Astrologie: Mars, Ram.
- Chakra: Mulâdhâra, de wortelchakra.
- Naamgeving: van het Latijnse 'ruber', hetgeen 'rood' betekent.
- Is goed voor: bevordert initiatief nemen en de intuïtie. Voorkomt miskraam.
- Tegen: koorts, kramp, melancholie, pijn, tering, vuile lucht, bederf, vijanden, ziekte.
- Helpt bij: koorts, als verjongingsmiddel (gebruik hiervoor het water waarin een robijn gelegen heeft).
- Versterkt het hart.

- Geeft: dapperheid, inspiratie, kracht, hartstochtelijke liefde, moed, de overwinning, stootkracht,
- Beschermt: tegen bliksem; huis en haard; tegen overstromingen en storm.
- Spiritueel: Is de steen der intuïtie.
- Extra: kan driften, hartstocht of jaloezie opwekken; stilt opwinding; neemt traagheid weg.

27. Rozenkwarts

- Samenstelling: siliciumdioxide. De steen is doorzichtig tot doorschijnend; de fluorescentie is zwak donker-violet. De steen is meestal iets troebel; de kleur schommelt tussen bleek en krachtig roze of soms violet.
- Astrologie: Venus, Stier.
- Chakra: Anâhatta, de hartchakra.
- Is goed voor: kalmeert de darmzenuwen. Om de puberteit gemakkelijker te beleven. Bevordert de fantasie, liefde, geestelijke groei, scheppend denken, de ontvankelijkheid voor kleur, klank, schilderkunst en poëzie. Voor het behoud van de deugdzaamheid van jonge meisjes.
- Tegen: angsten, buikkrampen, darmstoringen, duizeligheid, heimwee, overmatig verlangen.
- Helpt bij vermageren; om verliefd te worden.
- Versterkt: de darmen, de kunstzinnigheid.
- Geeft: inspiratie in de liefde, muziekkunstontvankelijkheid.

28. Saffier

- Samenstelling: aluminiumoxide. De steen is doorzichtig, maar er komen ook ondoorzichtige kwaliteiten voor. De gele saffier heeft een zwak oranje fluorescentie en de kleurloze saffier een oranjegeel of violette fluorescentie.
- Saffier komt voor in diverse kleurnuances: kleurloos, roze, oranje, geel, groen, blauw, violet, zwart. De naam saffier wordt gebruikt voor alle niet rode korundstenen (rood is robijn); is de naam alleen saffier, dan wordt de blauwe bedoeld, bij alle andere wordt de kleurnaam toegevoegd (gele saffier et cetera). De kleurende stoffen in blauwe kleuren zijn ijzer en titaan, bij de violette vanadium, bij gele en groene varianten een klein ijzergehalte, en chroom veroorzaakt de rode kleur. Leucosaffier is de kleurloze kwaliteit (leuco komt van het Grieks voor 'wit'). Padparasha is de oranjegele saffier.
- Astrologie: Mercurius (gele), Venus, Stier (blauwe).
- Naamgeving: van het Griekse 'sappheiros' (blauw).
- Is goed voor: de binding (blauwe), de gemoedsrust, het huwelijk (samen met de diamant), de kuisheid (blauwe), toewijding (blauwe), verbeeldingskracht (blauwe), energie-opname via de voeten, waarheidsliefde (blauwe). Werkt koortswerend (blauwe).
- Tegen: astma, bloedingen, bloeduitstortingen (witte of gele blauwe), melancholie (blauwe), oogaandoeningen (witte of gele blauwe), slapeloosheid, vergiftiging (blauwe), zenuwachtigheid (witte of gele blauwe).
- Versterkt: de luchtwegen, het meevoelen (blauwe), de ogen.
- Geeft: blijheid, concentratievermogen (witte, gele of blauwe), reine en milde gedachten (blauwe), gedachteconcentratie, gemoedsrust (blauwe), een reine levenswandel (blauwe), gelukkige liefde (blauwe), trouwe liefde (blauwe), mildheid, reinheid, vertrouwen (blauwe), vriendschap (blauwe), nuttige vrienden.

- Beschermt tegen zwarte magie (blauwe).
- Spiritueel: ontwikkelt profetische gaven (blauwe). Saffier is de steen van genezers en yogi's.
- Extra: trekt goede mensen aan (blauwe); doet onschuld bewaren (witte of gele blauwe); ondersteunt verloving (samen met diamant).

29. Smaragd

- Samenstelling: aluminiumberylliumsilicaat.
- Kleur: de steen is doorzichtig tot ondoorzichtig smaragdgroen, lichtgroen, gelig groen, donkergroen. De kleurende stof is chroom, soms vanadium. Smaragd is meestal troebel.
- Astrologie: Venus, Weegschaal, Kreeft, Leeuw.
- Chakra: Anâhatta, de hartchakra.
- Naamgeving: van het Grieks 'smaragdos' (betekent groene steen).
- Is goed voor: ontwikkelt de bewegingszin. Maakt de bevalling gemakkelijker. Bewaart de jeugdigheid. Verheft de ziel.
- Tegen: bloedvloeiing, nare dromen, epilepsie, malaria, slapeloosheid, maagzuur, maagzweren, hartklachten, spataders, verleiding, verzoeking, zwakte, darmgassen.
- Versterkt: de intelligentie, het geheugen, het gezichtsvermogen, de ogen, de lever, het verstand.
- Werkt: bloeddruk verlagend, bloedstelpend.
- Beschermt op reis.
- Spiritueel: behoud van frisheid, diepe geestelijke harmonie, huwelijkstrouw.
- Extra: is de steen van de bewegingszin.

30. Toermalijn

- Astrologie: Saturnus-Zon.
- Samenstelling: aluminium-boro-silicaat. De steen is doorzichtig tot ondoorzichtig; fluorescentie van de kleurloze toermalijn is zwak groenblauw, van de rode zwak roodviolet, van de bleekgele zwak donkergroen; de roze, bruine, groene en blauwe toermalijn hebben geen fluorescentie.
- Naamgeving: van het Singalese ‘turamali’ (afwending van het kwade).
- Chakra: Anâhatta, de hartchakra.
- Beschermt op reis en tegen vijanden.
- Versterkt de luchtwegen.
- Werkt: kalmerend; opwaarts strevend.
- Bevordert: de concentratie, groeikracht, meditatie (vooral de steen die van onderen zwart en van boven rood is), welsprekendheid.
- Geeft: conditieverbetering, geestelijke groei, gunsten, inspiratie, levensvreugde, vertrouwen, vitaliteit, vriendschap, zelfvertrouwen.
- Geeft inzicht op het spirituele pad en laat ons onze ware mogelijkheden zien.
- Tegen: angst, depressies, duizeligheid, evenwichtsstoringen, hernia, infecties, nekpijn, nervositeit, ongeluk, rugklachten, stotteren, vallen, verdriet, zenuwachtigheid.
- Helpt bij genezing van de ziekte van Ménière.
- Extra: verdrijft slechte gedachten; verdrijft de sensualiteit; gaat het vallen tegen (vooral bij kleine kinderen); verdrijft het verdriet; verzoent vrienden, weert vijanden, verzoent vijanden.

31. Topaas

- Alias: Edeltopaas.
- Samenstelling: fluorhoudend aluminiumsilicaat. De steen is doorzichtig, de fluorescentie van de roze topaas is zwak bruinachtig, van de rode zwak bruingeel en van de gele zwak oranjegeel.
- Kleur: kleurloos, geel, roodbruin, lichtblauw, rozerood, bleekgroen.
- Astrologie: Jupiter, Boogschutter (de gele, Mercurius).
- Naamgeving: van Topazos, de oude naam van het eiland Zebirget in de Rode Zee.
- Is de steen van de smaakzin.
- Chakra: Manîpura, de zonnevlecht.
- Beschermt tegen het boze oog.
- Bevordert: de groei, helderziendheid, leverwerking, vruchtbaarheid, welsprekendheid.
- Geeft: blijheid, reinheid, vriendentrouw, warmbloedigheid.
- Versterkt: het denken, geheugen, een zwak gestel, de hartbloedvaten, de lever, het smaakgevoel, het verstand.
- Werkt: bloeddrukverlagend, verwarmend.
- Tegen: aambeien, bloedingen, darmstoringen, vermoeidheid in het hoofd, een koud gestel, nervositeit, onrust, rusteloosheid, slapeloosheid, spataderen, trombose, rode uitslag, valse vriendschap, waanzin, zenuwachtigheid, zenuwpijnen. (Bij rusteloosheid, slapeloosheid het voorhoofd en de slapen bestrijken.)
- Extra: maakt het denken helderder; stilt de toorn; weert betovering en valse vrienden.

32. Turkoois

- Astrologie: Uranus, Waterman.

- Samenstelling: koperhoudend basisch aluminiumfosfaat. De steen is ondoorzichtig; de fluorescentie is zwak groenig geel tot lichtblauw. Kleur: hemelsblauw, blauwgroen, appelgroen, meestal bruine of zwarte vlekken. Vocht kan de kleur doen vervagen.
- Naamgeving: van 'pierre turquoise' of 'Turkse steen'.
- Chakra: Vishudda, de keelchakra.
- Goed voor: geslachtsorganen, lever, nieren - trouw in de liefde.
- Tegen: leverstoornissen te wijten aan onverwerkte emoties; virale besmetting; verwondingen met besmetting; reuma, gewrichtsstoornissen, krampen en spierspanning door blokkades, oververmoeidheid en slecht slapen.
- Bevordert goede relaties, deugdzaamheid, welstand.
- Beschermt tegen negativiteit (vooral bij jonge kinderen).
- Extra: geeft rust bij prikkelbaarheid en geestelijk onevenwichtigheid.

33. Tijgeroog

Tijgerijzer: heeft meer goudgele lichtvlekjes in een kwarts-limonietaggregaat.
Valkoog ontstaat door oxydatie van krokydoliet.

- Familie: kwartsen.

- Samenstelling: siliciumdioxide. De steen is ondoorzichtig geel, goudgeel, rood, groen of blauw. De goudgele kleur wordt veroorzaakt door limoniet.
- Astrologie: Mercurius, Zon, Tweeling.
- Beschermt tegen boze blik.
- Bevordert het helder waarnemen.
- Geeft: opgewektheid, vitaliteit, warmte, zelfvertrouwen.
- Kalmeert de darmzenuwen.
- Tegen: ademnood, astma, buikkramp, darmkrampen, futloosheid, oogaandoeningen, pijn.
- Versterkt: de darmen, het denken, de maag.
- Werkt: verwarmend, versterkend.
- Extra: maakt het denken helderder, laat de fouten inzien; helpt problemen op hun juiste waarde te schatten.

34. Zirkoon

Hyacinth: geelrood tot roodbruin.
Matura-diamant: kleurloze gebrande zirkoon. Starliet: blauw.

- Samenstelling: hoog gehalte aan uranium en thorium. De steen is drukgevoelig en doorzichtig. De fluorescentie van de blauwe zirkoon is zeer zwak licht oranje, van de rode en bruine zwak donker geel.
- Naamgeving: de naam betekent 'juweel'.
- Astrologie: Waterman.
- Goed voor: hypofyse, bijnieren, geslachtsorganen, zenuwstelsel, buikbloedvaten, blaas, prostaat. (Zirkoonwater is goed voor de lever en de alvleesklier.)

- Tegen: longklachten, allergie, speekselklierontsteking, oor- en oogproblemen.
- Versterkt de geestelijke vermogens en leert gericht denken.
- Extra: zirkoon is de steen der geestelijke wijsheid; begeleidt in dromen en helpt ze te herinneren. Begeleidt en beschermt op astraal gebied en bij uittredingen. Verbreekt betovering en beschermt tegen beïnvloeding.

35. Zonnesteen

- Alias: Avanturienveldspaat
- Astrologie: Zon, Venus.
- Samenstelling: natrium-calcium-aluminium-silicaat. De steen is ondoorzichtig, de fluorescentie is donker roodbruin. De glinstering komt door hematiet en/of goethietschubbetjes.
- Kleur: oranje, roodbruin, glinsterend.
- Goed voor: de groei en vooral het ruggenmerg - zwangerschap, borstvoeding, herstel na ziekte.
- Stimuleert lever, nieren, pancreas.
- Tegen: rugklachten, hernia, tandbederf.
- Helpt bij, bloedarmoede, menstruatiestoornis.
- Extra: activeert positieve krachten, zodat moeheid, onrust en prikkelbaarheid verdwijnen. Verhoogt de intellectuele vermogens en stimuleert het positieve in de mens. Beter is het deze steen niet 's nachts te dragen! Spiritueel: laat de zonnekracht doorwerken in het spirituele leven. Verheldert en verwarmt het contact met het hogere zelf en spirituele vermogens. Is een ideale steen bij meditatie!

Mieke Roovers
DE WEG VAN SCHOONHEID

ISBN: 90 5599 173 2
PRIJS: € 17,00

Geluk en gezondheid worden door de meeste mensen als toevalsfactoren beschouwd: je hebt het of je hebt het niet. Als dit je levenshouding is, ontbreekt het je aan het besef dat je zelf verantwoordelijk bent voor de kwaliteit van je leven.

Maria Magdalena Roovers brengt met dit boek op unieke wijze de eeuwenoude Oosterse geheimen naar het Westen. Het biedt een verrassende kijk op de toekomst vanuit een nieuw denken, zodat we het leven werkelijk kunnen gaan beleven.

'De Weg van Schoonheid' bestaat uit drie delen.
Deel een en twee vertellen in romanvorm over de reis van Murphy, een professor in de wiskunde, door Japan en China. Zijn belevenissen worden gelardeerd met uitspraken en gedachten van diverse meesters, spirituele leiders, goeroes en wetenschappers.
Deel drie bestaat uit verschillende spellen, die ons het dagelijkse leven spelenderwijs laten beleven.
Het Meidaospel smelt hoofd en hart samen door de oude Chinese energieleer met een moderne westerse lifestyle-coaching te combineren. Dit levert een nieuwe manier van denken op die de kwaliteit van het leven bevordert.

'De Weg van Schoonheid' is geschikt voor iedereen die zichzelf door lezen, leren, spelen en oefening wil ontdekken, met als doel meer plezier uit het leven halen. Kortom, voor iedereen die zich een nieuwe lifestyle wil aanmeten en zich weer over de schoonheid van het leven wil verwonderen.